A JUSTIFICAÇÃO DO DIREITO
E SUA ADEQUAÇÃO SOCIAL

D634j Dobrowolski, Samantha Chantal
A justificação do direito e sua adequação social: uma abordagem a partir da teoria de Aulis Aarnio/ Samantha Chantal Dobrowolski. – Porto Alegre: Livraria do Advogado, 2002.
143p.; 14 x 21 cm.
ISBN 85-7348-226-5

1. Direito. 2. Teoria do Direito. 3. Filosofia do Direito. I. Título.

CDU – 34

Índices para o catálogo sistemático:

Direito
Teoria do Direito
Filosofia do Direito

(Bibliotecária responsável: Marta Roberto, CRB-10/652)

Samantha Chantal Dobrowolski

# A JUSTIFICAÇÃO DO DIREITO E SUA ADEQUAÇÃO SOCIAL

*Uma abordagem a partir da teoria de*
AULIS AARNIO

livraria
DO ADVOGADO
editora

Porto Alegre 2002

© Samantha Chantal Dobrowolski, 2002

*Capa, projeto gráfico e diagramação*
Livraria do Advogado Editora

*Revisão*
Rosane Marques Borba

*Direitos desta edição reservados por*
**Livraria do Advogado Ltda.**
Rua Riachuelo, 1338
90010-273 Porto Alegre RS
Fone/fax: 0800-51-7522
livraria@doadvogado.com.br
www.doadvogado.com.br

Impresso no Brasil / Printed in Brazil

"Aquilo que os homens aceitam como justificação, revela como pensam e como vivem".

LUDWIG WITTGENSTEIN
*in: Investigações filosóficas*

A *Audete* e *Sílvio*, meus pais, com amor e gratidão, por seu exemplo de integridade, bondade e perseverança.

A *João Alexandre*, por sua fraternal amizade, carinho e compreensão.

## Nota de agradecimento

Este texto corresponde, com pequenas alterações, à dissertação apresentada, em agosto de 1997, no programa de Mestrado do Curso de Pós-Graduação em Direito (CPGD) da Universidade Federal de Santa Catarina (UFSC), aprovada com distinção e louvor pela banca examinadora. Ele reflete uma trajetória de pesquisas iniciada ainda durante a graduação, no Programa Especial de Treinamento (PET/CAPES), que é, para mim, uma referência fundamental.

Para sua realização, algumas colaborações foram essenciais. Agradeço, assim, a familiares e amigos, e sobretudo a meus pais, que incondicionalmente me apoiaram e sempre estimularam; a Edson Swain, que tem me incentivado e escutado ao longo dos anos; ao CNPq, que me conferiu um auxílio inicial; a Dilsa, Rose, Gilvana, Maria Helena, dona Inovete e Melissa, servidoras do CPGD/UFSC, sempre atenciosas e solidárias; aos Professores Katya Kozicki e José Alcebíades de Oliveira Júnior, membros da banca que leram atentamente este trabalho, propondo-me observações sagazes; ao Professor Luis Alberto Warat, que, de forma original e instigadora, tem conseguido propor reinvenções no (e do) Direito e despertar saudáveis preocupações jusfilosóficas; ao Professor Christian Guy Caubet, que, no "PET da Constituinte", aguçou, com método e alguma polêmica, o interesse pela pesquisa científica e pela relação entre Política, Poder e Direito; aos contemporâneos de CPGD e colegas de Mestrado, Cecília Lois, Cristiane Rozicki, Leilane Zavarizi, Ricardo Stersi, Reinaldo Pereira e Silva e Cristiano Paixão, que se mantiveram presentes e amigos mesmo depois da defesa da dissertação.

Registro minha gratidão a Domingos Sávio Dresch da Silveira, que, gentil e fraternalmente, encaminhou o texto original para análise de publicação.

Sou muito grata também ao Professor Juarez Freitas, que, naturalmente generoso e cordial, se dispôs a ler e avaliar este trabalho para sua publicação.

Finalmente, agradeço a Leonel Severo Rocha, pensador estudioso e profícuo, professor e "tutor" desde os tempos do PET, orientador deste trabalho, influência constante, sobretudo pela defesa da Democracia e da Teoria do Direito, mas, antes de tudo, um grande amigo.

# Prefácio

O presente livro trata da teoria do direito do jurista finlandês Aulis Aarnio, principalmente a partir de sua obra *O racional como Razoável*. Aarnio é um autor extremamente importante que merecia há mais tempo análises sobre o seu pensamento no Brasil. Ele faz parte da nova geração de juristas europeus que estão enfatizando o estudo dos jogos de linguagem originários da lingüística pragmática de Wittgenstein para a argumentação jurídica.

Desta maneira, o livro enfrenta o grande problema jurídico da atualidade manifesto pela dificuldade em se pensar o Direito, em operaciná-lo, neste período de grandes transformações desta forma de sociedade que muitos chamam, por uma questão de comodidade, de globalização. Neste sentido, observar o Direito dentro da globalização implica relacionar o Direito com a complexidade, com todos os processos de diferenciação e regulação social que estão surgindo.

A teoria jurídica dominante deriva de contexto histórico bem preciso, ou seja, é uma teoria que se fundamenta na forma de sociedade que chamamos de modernidade. É uma teoria jurídica da modernidade, e o significado mais lapidar que se pode dar à expressão *modernidade* seria aquele de um período, de uma fase, em que há uma grande crença numa certa idéia de racionalidade, e essa racionalidade, no Direito, para simplificar, estaria ligada a uma forte noção de Estado. Assim, toda teoria jurídica da modernidade é uma teoria ligada à noção de Estado, e essa racionalidade se desenvolveu, principalmente, numa dinâmica que se chama normativismo.

Então, tem-se em plena forma de sociedade globalizada ainda uma teoria jurídica originária da modernidade presa à noção de Estado e de norma jurídica. O principal autor que melhor representa toda essa concepção juridicista é Hans Kelsen*. É, assim, uma teoria datada que tem como pressuposto teórico, epistemológico, o normativismo, que vai, como se sabe, se difundir por todo o ocidente como a matriz teórica representante do Direito da modernidade.

Desta maneira, quando se ingressa numa nova forma de sociedade globalizada, que também se poderia denominar de transnacionalizada, ou pós-moderna, o problema é o fato que qualquer perspectiva mais racionalista ligada ao normativismo e ao Estado se torna extremamente limitada. Não se pode assim continuar mantendo uma noção de racionalidade no Direito ao se insistir no ideal kelseniano.

Nesta linha de raciocínio, entende-se a necessidade de criticar-se a epistemologia de neopositivismo analítico, da linguagem da denotação pura, introduzindo-se uma epistemologia construtivista que privilegie para a globalização a temática da pluralidade social, da complexidade, dos paradoxos e riscos, e mostre algumas das conseqüências que esta perspectiva está provocando na teoria do Direito.

Desta maneira, observa-se uma crise do direito da modernidade. Saliente-se, porém, que a maioria das observações sobre a existência de uma crise do Direito é extremamente conhecida, e, portanto, não se pretende aqui recordá-las, mas caminhar por percursos que avancem além das já tradicionais percepções de que o Direito, pelos motivos já salientados, começa a ficar defasado em relação a uma série de questões importantes da socie-

---
* Kelsen, Hans. *Teoria Pura do Direito.* 4ª ed. Trad. João Batista Machado. Coimbra: Armênio Amado Editor Sucessor, 1976.

dade, em relação a problemas políticos decisivos e, principalmente, defasado quanto àquilo que chamamos de novos direitos.

Deste modo de se observar, a crise do Direito não é somente uma deficiência de sua estrutura tradicional, mas uma crise da integração de seus pressupostos dogmáticos para funcionarem dentro da globalização. Desta maneira, é preciso colocar de forma mais clara a grande questão, e que é uma das conseqüências da crítica que tem sido feita ao Direito da modernidade, ou seja, aquela da necessidade de se relacionar o Direito com a política e a sociedade – e essa questão não é nada simples. Não basta apenas dizer que é preciso pensar-se o Direito juntamente com a política e a sociedade, quanto a isso, há um certo consenso. O problema está em dar um sentido pragmático a essa assertiva.

A crítica jurídica pode ser dividida genericamente em duas etapas: a primeira refere-se ao momento da crítica do normativismo; já a segunda, mais elaborada, propõe uma nova hermenêutica para se pensar o Direito. E o que é essa nova hermenêutica? Trata-se de uma hermenêutica que surge quando se percebem as insuficiências da noção de norma jurídica, e se começa a entendê-la como algo que não é completo, um conceito que é limitado, que deve ser complementado pela interpretação social.

Pode-se dizer, então, que uma das respostas à crise do normativismo é uma teoria hermenêutica que coloca a importância de compreender o Direito além da norma, com uma participação maior dos operadores do Direito e dos intérpretes não-oficiais, dos intérpretes que fazem parte da sociedade. Contudo, essa constatação que é corretíssima é insuficiente. Ou seja, é correto dizer-se que é preciso compreender o Direito dentro da sociedade, que a norma jurídica dever ser formal. Isto se é que ainda se pode manter a idéia de norma jurídica, pois alguns preferem falar em regras e princípios. A hermenêutica é, portanto, uma tentativa de se manter a estrutura normativa, ampliando-se as suas fontes de produção de sentido.

Assim, num primeiro momento, na modernidade, o normativismo surge como um sistema jurídico fechado, em que as normas válidas se relacionam com outras normas, formando um sistema dogmático hierarquizado; e, num segundo momento, na globalização, surgem hermenêuticas que dizem que as normas jurídicas, no sentido kelseniano, no sentido tradicional, não são mais possíveis, que é preciso haver uma noção mais alargada, uma noção mais ampla que inclua também regras, princípios, diretrizes políticas, com uma participação maior da sociedade. A hermenêutica é um avanço da crítica jurídica porque aprofunda a questão da interpretação normativa, dando uma função muito importante aos juízes, advogados, e aos operadores do Direito em geral. Isto que dizer que a hermenêutica fornece ideologicamente muito mais poder de ação.

Entretanto, a hermenêutica jurídica também possui lacunas teóricas. A hermenêutica jurídica abre um importante ponto de preferência para análise da sociedade, para a compreensão do Direito. Mas ela não explica suficientemente o que seja sociedade.

Assim sendo, chega-se à contribuição de Aarnio para a renovação da hermenêutica jurídica a partir de seu recurso aos jogos de liguagem, as polêmicas com Alexy e Dworkin, e as discussões sobre a aceitabilidade racional e audiência, o direito como integridade e a resposta certa.

Por último, saliento a grande erudição como a autora Samantha Chantal Dobrowolski, de uma renomada família de juristas, trata uma temática tão difícil e espinhosa, utilizando para tanto de uma metodologia sofisticada e um grande conhecimento intelectual.

*Leonel Severo Rocha*

Doutor em Direito,
Coordenador do PPGD Unisinos

# Sumário

Introdução .................................... 15

1. **A Teoria da Argumentação Jurídica e a questão metodológica atual** .......................... 21
   - 1.1. Considerações preliminares ................ 21
   - 1.2. Panorama histórico do debate metodológico atual .... 23
     - 1.2.1. Origem: o domínio positivista no século XIX ...... 23
     - 1.2.2. Kelsen e a Teoria Pura do Direito ............. 27
     - 1.2.3. Novos horizontes no pensamento jurídico-metodológico 28
       - 1.2.3.1. Teoria analítica do Direito ................ 30
       - 1.2.3.2. Lógica jurídica ....................... 32
     - 1.2.4. A "viragem" hermenêutica da jurisprudência ..... 32
     - 1.2.5. Tópica e retórica: a caminho da Teoria da Argumentação Jurídica ............................... 34
       - 1.2.5.1. A tópica de Viehweg ................... 35
       - 1.2.5.2. Perelman e a nova retórica ............... 37
   - 1.3. A versão atual da Metodologia Jurídica: A Teoria da Argumentação ........................... 40
     - 1.3.1. Caracterização geral .................... 40
     - 1.3.2. Teoria da Argumentação Jurídica contemporânea: funções e classificação ................... 43
     - 1.3.3. Teoria da Argumentação, discurso prático e única resposta correta ....................... 44
   - 1.4. Visões contemporâneas da Teoria da Argumentação Jurídica ............................... 46

2. **Sobre "lo racional como razonable" de Aulis Aarnio: uma teoria social da justificação jurídica** .......... 51
   - 2.1. Considerações preliminares ................ 51
   - 2.2. O significado da Justificação Jurídica nas sociedades democráticas contemporâneas ............... 53
     - 2.2.1. Sociedade, democracia e justificação jurídica: a importância da certeza do Direito ............ 53

2.2.2. Crise do Estado e crise do Direito: desafios à certeza do Direito .......................... 56
2.3. O enfoque teórico de Aarnio no estudo da justificação jurídica ....................... 61
2.3.1. O "ponto de vista" da interpretação jurídica ...... 61
2.3.2. O conceito de dogmática jurídica ............ 63
2.3.3. O contexto de justificação .................. 64
2.3.4. Questões filosóficas subjacentes à justificação jurídica . 65
2.4. A Ontologia do Direito .................... 67
2.4.1. Os jogos de linguagem e a ontologia jurídica ...... 67
2.4.2. A validade da norma jurídica ............... 69
2.4.2.1. Validade sistêmica ..................... 69
2.4.2.2. Eficácia da norma jurídica ................ 71
2.4.2.3. Aceitabilidade da norma jurídica ........... 72
2.5. A metodologia da interpretação na dogmática jurídica . 73
2.5.1. Conceitos gerais ....................... 73
2.5.2. Caracterização geral da interpretação e da Teoria da Interpretação .................... 77
2.5.2.1. A interpretação como processo hermenêutico .... 77
2.5.2.2. A natureza especial da interpretação na dogmática jurídica ............................ 79
2.5.2.3. Estrutura da interpretação jurídica e audiência ... 83

3. Interpretação jurídica e exigência de correção ........ 89
3.1. Considerações preliminares ................. 89
3.2. Interpretação jurídica e aceitabilidade racional ...... 92
3.2.1. A aceitabilidade racional .................. 93
3.2.1.1. Teoria procedimental da interpretação jurídica: considerações gerais e regras do discurso racional . 99
3.2.1.2. Teoria substancial da interpretação jurídica: valores, valorações e forma de vida ................ 101
3.2.1.3. Aceitabilidade racional e audiência ........... 106
3.3. Aarnio x Dworkin: esboço de uma divergência em torno da existência da única resposta correta .......... 109
3.3.1. A visão de Ronald Dworkin: o Direito como integridade 109
3.3.2. "Hércules x Comunidade Jurídica II" ........... 114
3.3.3. Resposta correta e audiência ............... 118
3.4. O princípio da maioria .................... 122

Considerações finais ........................ 133

Referências bibliográficas .................... 141

# Introdução

Estabelecer o sentido do Direito e de sua incidência no cotidiano social é uma das preocupações constantes do pensamento jurídico, em que questões de diferentes ordens (jurídicas, práticas, políticas...) se entrelaçam na busca das "condições de possibilidade para a tomada de decisão" correta.[1] A tensão inerente ao fenômeno jurídico entre sua certeza (racionalidade) e sua legitimidade (justiça) se manifesta em todos os contextos de aplicação do Direito e, em maior grau, na instância judicial. Esta, além de ser a sede última de estabilização dos conflitos sociais, representa o exercício de um dos poderes do Estado. Nesta medida, em sociedades democráticas, deve corresponder às expectativas sociais na concretização da ordem jurídica, abrindo-se à crítica e ao controle através da fundamentação de suas decisões.[2]

Contudo, para que realmente sejam satisfeitas as necessidades de certeza e justiça do Direito, é preciso dotá-lo de um método capaz de garantir a objetividade e o controle de sua aplicação prática, sua racionalidade.

A busca do caminho que leva ao Direito correto é objeto da Filosofia do Direito - basicamente através da Metodologia do Direito -, há muito tempo. Não se pode saber o que é uma decisão justa ou correta, sem que se saiba como se reconhece tal decisão.

---
[1] A expressão é de FERRAZ JR., Tércio Sampaio. In: *Introdução ao Estudo do Direito*. 2.ed. São Paulo: Atlas, 1994, p. 309.
[2] Neste sentido, a Constituição Federal de 1988, em seu artigo 93, inciso IX, dispõe que: "todos os julgamentos dos órgãos do Poder Judiciário serão públicos, e fundamentadas todas as decisões, sob pena de nulidade, (...)".

Na atualidade, esta temática vem se desenvolvendo no interior das ordens jurídicas concretas, através da análise do comportamento argumentativo dos juristas, especialmente dos juízes. É a versão moderna da investigação jurídico-metodológica, a Teoria da Argumentação Jurídica, que se centra no estudo da justificação das decisões judiciais.

Neste trabalho, analisa-se esta problemática sob a ótica de um autor, o finlandês Aulis Aarnio, principalmente a partir de seu tratado sobre a justificação jurídica, cujo sugestivo título é "*Lo racional como razonable*".

Destaca-se, no pensamento de Aarnio, a preocupação com a ênfase por ele atribuída aos traços sociais da justificação jurídica nas Democracias contemporâneas, o que acentua e justifica o interesse em examinar suas idéias, a fim de verificar as exigências que as sociedades democráticas impõem aos juristas, e especialmente aos juízes, no processo de realização do Direito.

Assim, o primeiro capítulo se divide em três partes, destinadas a apresentar o contexto em que se insere o pensamento de Aarnio. Na parte inicial, procurando estabelecer as origens da corrente de investigação jurídica em que se pode incluir o autor - a Teoria da Argumentação Jurídica -, será apresentado um breve panorama da evolução histórica do debate metodológico no Direito. Em termos gerais, serão descritos os aspectos centrais das soluções preconizadas pelas diferentes linhas de pensamento, destacando-se aquelas que maior influência têm no atual estágio da discussão metodológica, seus representantes principais e sua abordagem da função judicial. Enfoque especial será dado à renovação do pensamento tópico ou retórico, precursor direto da Teoria da Argumentação Jurídica, com particular ênfase nas idéias básicas de Perelman, devido aos seus reflexos na teoria de Aarnio. Na segunda parte, será analisada especificamente a moderna Teoria da Argumentação Jurídica, apresentando-se suas principais características, interesses cognitivos e funções, e, inclusive, sua preocupação com a tese da resposta correta, a fim de se introduzir esquematicamente a temática e a terminologia básicas da investigação metodológica atual e do próprio Aarnio. Na terceira parte, serão sinteticamente expostas as visões de alguns autores filiados à moderna Teoria da Argumentação Jurídica. Pretende-se, desta forma, possibilitar ao leitor o confronto pontual entre Aarnio e outros estudiosos da argumentação, inclusive Robert Alexy - o mais renomado e influente representante desta corrente na atualidade.

O segundo capítulo se volta à exposição sintetizada das principais idéias de Aulis Aarnio sobre a argumentação (justificação) jurídica, expostas em *Lo racional como razonable*, com o intuito de coletar subsídios para o desenvolvimento ulterior do trabalho. Seguindo bem de perto os objetivos do autor e sem ingressar completamente no enfoque da tese da resposta correta, serão abordados os aspectos ontológicos e metodológicos da interpretação (justificação) jurídica, sendo sempre priorizadas a importância e a repercussão sociais dos mesmos nas Democracias ocidentais contemporâneas.

O terceiro capítulo trata da tese central de Aarnio, seu modelo ideal de justificação jurídica: a adoção de um princípio regulativo para a interpretação jurídica, consubstanciado no que ele denomina de aceitabilidade racional, através da qual se opõe à doutrina da (única) resposta correta. A abordagem se divide em quatro momentos. No primeiro, será apresentada a tese da resposta correta e introduzidas a visão de Aarnio e sua oposição a Ronald Dworkin. No segundo, serão expostos sinteticamente os principais aspectos da proposta de Aarnio, buscando esclarecer algumas de suas influências. No terceiro, a fim de se analisar algumas das conseqüências e possibilidades da aceitabilidade racional nas sociedades democráticas contemporâneas, será traçado um breve paralelo pontual entre as visões de Aarnio e Dworkin, após a apresentação de apenas alguns tópicos principais da complexa teoria deste último, sobretudo no que se refere à tese da resposta certa. A comparação será restrita à questão referida e, portanto, muito limitada, em razão do enfoque deste trabalho, precipuamente voltado ao pensamento de Aarnio e à justificação do Direito nas Democracias contemporâneas. No quarto momento, serão esboçadas algumas ponderações críticas acerca do modelo de Aarnio, voltadas a apontar algumas insuficiências de sua proposta, excessivamente procedimental, e que, embora aponte a necessidade de controle do exercício e dos exercentes do poder - inclusive judicial -, e leve em conta os traços de heterogeneidade, contradição e pluralismo de variados matizes que caracterizam as sociedades complexas contemporâneas, não oferece qualquer indicação sobre parâmetros de correção material e de justiça que devem prevalecer se se pretende que existam verdadeiras Democracias.

O método utilizado no trabalho é o indutivo. Partindo-se de premissas particulares das diferentes escolas da investigação jurídico-metodológica e da versão moderna desta pesquisa, percorre-se o pensamento de Aulis Aarnio, para se verificar como se constrói uma teoria da justificação jurídica socialmente adequada e as implicações que a mesma possui nas Democracias contemporâneas ocidentais. Busca-se também, nesta empreitada, o auxílio de distintas disciplinas, tomando-se de empréstimo alguns conceitos e opiniões de autores filiados à sociologia, à filosofia e à teoria política. Assim, parte-se de uma perspectiva multidisciplinar, tanto para descrever quanto para apreciar criticamente as idéias de Aarnio.

Finalmente, releva notar que, embora Aarnio esteja inserido e tenha desenvolvido suas idéias no contexto de um Estado de Bem-Estar Social - em que as garantias democráticas possuem grande efetividade e o desenvolvimento já é, de fato, pós-industrial -, o exame de suas idéias à luz de realidades mais problemáticas não é inoportuno. Ao contrário, é exatamente nos lugares em que a Democracia e suas instituições características e a busca do desenvolvimento socioeconômico ainda estão se afirmando, que a preocupação fundamental de Aarnio com a adequação social do Direito e sua efetiva capacidade de responder eficazmente às demandas sociais de previsibilidade e justiça adquire especial relevo e urgência.

# 1. A teoria da argumentação jurídica e a questão metodológica atual

## 1.1. CONSIDERAÇÕES PRELIMINARES

No Direito, interpretação e aplicação são fases de um mesmo processo, cujo objetivo é a decidibilidade dos conflitos sociais. Determina-se o sentido da norma jurídica em função de sua aplicabilidade. Ao ser aplicado, o Direito interfere concretamente no meio social, estabelecendo aquilo que é obrigatório, permitido ou proibido. No entanto, o Direito não fornece claramente todas as respostas. Da vagueza da linguagem jurídica e da incompletude e deficiências do sistema jurídico, o qual não dá conta de todas as situações possíveis, decorrem várias alternativas de interpretação e decisão. Na escolha de uma delas, não se pode prescindir de valorações, que são sempre moralmente relevantes na medida em que se referem à conduta humana na sociedade.

Diante da *irredutível margem de livre apreciação judicial*[3] que disto advém, torna-se necessário controlar racional-

---
[3] LARENZ se refere à *irredutível margem de livre apreciação por parte do juiz*, que compara à textura aberta de HART, não somente na concretização de pautas de valoração carecedoras de preenchimento, mas também em julgamentos de casos de fronteira, em que a lei não forneça limites rígidos. Esclarece que, nestes casos, sendo obrigado a decidir, o juiz deve buscar a solução justa e, se for preciso, basear-se em suas convicções pessoais. In: LARENZ, Karl. *Metodologia da Ciência do Direito*. 2.ed. Lisboa: Fundação Calouste Gulbenkian, 1989, p. 353-5. (Trad. José Lamego).

mente as decisões jurídicas, para evitar que se reduzam a um mero exercício arbitrário de vontade de quem decide. Surge, assim, a exigência de justificação das decisões.

A obrigação de fundamentar as decisões permite avaliar a adequação social das mesmas e verificar sua correção e racionalidade, à luz da ordem jurídica vigente. É, pois, condição de legitimidade do Direito nas sociedades contemporâneas. Está entrelaçada com a busca da segurança jurídica, comum aos mais diversos sistemas jurídicos, e com a necessidade de controlar o exercício do poder na sociedade. Esta necessidade reflete dúvidas recorrentes da investigação jurídico-metodológica: existe uma resposta correta para cada caso? Como se pode chegar à resposta correta? Como pode (e deve) o juiz encontrá-la?

Estas questões têm sido respondidas de diversas formas pela Metodologia do Direito, desde o século XIX, pois envolvem uma séria reflexão sobre o próprio significado do fenômeno jurídico e suas relações com outros relevantes setores da vida social, como a Moral, a Cultura e a Política. Há acordo apenas em um ponto: a decisão jurídica não é o resultado de uma simples subsunção lógica de fatos comprovados a normas jurídicas vigentes.[4]. Porém, não se logrou descobrir o caminho que conduz à resposta certa. Atualmente, os esforços se concentram no exame da forma através da qual as decisões são justificadas. Pretende-se controlar o resultado das decisões a partir do controle do próprio procedimento decisório. Esta análise é realizada pela moderna Teoria da Argumentação Jurídica, a versão contemporânea da Metodologia do Direito.

Assim, para uma adequada compreensão da atual investigação jurídico-metodológica, apresentar-se-á, no

---

[4] O acordo sobre este ponto é referido por ALEXY, que comenta a constatação de LARENZ a este respeito. In: ALEXY, Robert. *Teoría de la argumentación jurídica. La teoria del discurso racional como teoria de la fundamentación jurídica.* Madrid: Centro de Estudios Constitucionales, 1989, p. 23. (Trad. Manuel Atienza e Isabel Espejo).

presente capítulo, um brevíssimo panorama sobre a evolução histórica do debate metodológico no Direito, iniciado com Savigny. Neste aspecto, centrar-se-á o enfoque apenas nas diferentes soluções doutrinárias para o controle da atividade judicial e a busca da interpretação correta, fazendo-se, em linhas gerais, referência às principais correntes e respectivos representantes e destacando-se alguns movimentos particulares, cujas idéias se refletem na investigação atual e nas idéias de Aarnio. Em seguida, discorrer-se-á sobre as características, objeto e funções da moderna Teoria da Argumentação Jurídica, inclusive no que tange à busca da resposta correta. E, para fornecer uma visão do estágio atual das investigações, serão mencionadas sinteticamente algumas idéias de diferentes autores. Com isto, pretende-se contextualizar o pensamento de Aulis Aarnio, objeto central deste estudo, destacando-se seu enfoque pessoal para a questão da resposta correta no Direito e reunindo subsídios para o desenvolvimento ulterior do trabalho.

## 1.2. PANORAMA HISTÓRICO DO DEBATE METODOLÓGICO ATUAL

### 1.2.1. Origem: o domínio positivista no século XIX

Historicamente, constata-se que o debate metodológico em torno da interpretação correta no Direito tem oscilado entre duas orientações. Alguns adotam um critério subjetivo, comumente identificado com a vontade do legislador, ao qual o intérprete deve se ajustar. Outros defendem um critério objetivo: a vontade da lei.

Esta divergência remonta a Savigny, considerado o iniciador da moderna teoria do método jurídico, na Alemanha, no século XIX. Este período é marcado pela herança do jusnaturalismo racionalista anterior, ou seja, o desenvolvimento de um Direito sistemático e predominantemente escrito, destinado à organização social com base na razão. O Iluminismo racionalista, além de propiciar transformações sociopolíticas (conquistas sociais da Revolução Francesa, capitalismo incipiente), confere ao Direito, antes estável (tradição sagrada dos antigos, origem divina medieval, Direito natural racionalista dos séculos XVI/XVIII), um caráter instrumental, que surge da positivação do Direito.

A consciência da mutabilidade do Direito, advinda de sua positivação, provoca reações românticas. Savigny funda a chamada Escola Histórica do Direito, afirmando que este não é produto da razão, mas de um fator objetivo, o "espírito do povo". A espontânea convicção jurídica comum do povo permite organizar as relações básicas e concretas da vida em institutos jurídicos, dos quais devem ser "intuídas" e extraídas as regras jurídicas. O Direito não depende da vontade do legislador, pois é determinado cultural e temporalmente, através da constante evolução dos institutos jurídicos existentes na consciência comum, os quais mantêm entre si um nexo orgânico que deve ser buscado pelo intérprete. Na interpretação, além dos elementos gramatical, lógico, histórico e sistemático, Savigny admite os métodos extensivo e restritivo.

Ao caráter objetivista da historicidade do Direito, opõe-se a Jurisprudência dos Conceitos, a pandectística alemã (cuja versão francesa é a Escola da Exegese). Seu principal expoente, Puchta, retoma o dogma da vontade do legislador. O "espírito do povo" é agora apreendido pelo autor da lei e transformado em conceitos jurídicos. O Direito é visto como um sistema conceitual-abstrato (uma "pirâmide de conceitos"), em cujo topo está o conceito fundamental (dado pela Filosofia do Direito). Através de um processo lógico-dedutivo e segundo o princípio da subordinação, de conceitos mais abrangentes extraem-se outros mais especiais, de menor conteúdo, até se chegar às situações de fato e conseqüências jurídicas concretas.

Este intenso formalismo conceitualista leva ao positivismo legal racionalista de Windscheid, que, aproximando-se da teoria objetivista, recorre ao legislador racional e defende que a interpretação deve buscar a racionalidade objetiva da vontade do legislador. O juiz deve desenvolver a lei de acordo com seus princípios, ou seja, conforme a finalidade nela encerrada.

A tendência objetivista vai se afirmar paulatinamente, entre o fim do século XIX e o início do século XX, difundida por autores como Binding, Wach, Kohler, Radbruch e Sauer. Através dela, intenta-se preencher com conteúdo os conceitos vazios e abstratos da lei. Na interpretação, a partir da primazia à lei, deve o intérprete pensar até o fim o que já foi pensado, não se atendo apenas à racionalidade formal, mas desenvolvendo a racionalidade imanente do preceito legal - entendida esta como a teleologia ou finalidade do mesmo.

O pensamento lógico-formal dominante não dota a lei de qualquer sentido e, segundo Larenz, "sob as vestes do historicismo, ocultava quase sempre uma índole 'racionalista' e que (embora inconfessadamente), na medida em que considerava o Direito 'positivo' como um 'organismo racional' e assim o procurava compreender, alguma coisa conservava do pensamento 'jusnaturalista'".[5]

Para afastar definitivamente o Direito natural e sob a influência do modelo das ciências naturais, o positivismo surge como alternativa científica no segundo terço do século XIX. Entende-se que, para dar sentido à lei, deve-se ir fora dela: aos fatos jurídicos. Firma-se inicialmente o positivismo jurídico empirista. O Direito passa a ser compreendido como fato do mundo interior, psicológico, estudado pela Teoria Psicológica do Direito, ou, como fato do mundo externo, sociológico, da alçada da Sociologia Jurídica Empírica.

Com Bierling, nasce a Teoria Psicológica do Direito. Para esta, o fundamento do Direito advém do reconheci-

---

[5] LARENZ. Metodologia, p. 39.

mento habitual e duradouro da comunidade. Sua interpretação deve investigar a vontade real do legislador, apreciando-se o alcance dos diversos pontos de vista relativos aos fins buscados pelo autor da lei, a partir de suas origens: os trabalhos legislativos preparatórios. Entretanto, o mais importante representante desta corrente é Jhering, que, em sua segunda fase, rejeitando seu pensamento formalista anterior, combate o culto à lógica, tão marcante na Jurisprudência dos Conceitos. Para ele, o autêntico legislador é a sociedade, que se manifesta através do Estado. Assim, "toda a proposição jurídica tem necessariamente de ser vista também na sua *função social*: ela aspira a conformar a existência social e, por conseguinte, ordena-se, pelo seu próprio sentido, a um fim social (...) [e, segundo Larenz, deste movimento] emerge, para a ciência do Direito, a necessidade de um pensamento teleológico".[6] Trata-se de uma perspectiva utilitarista-sociológica[7] que, porém, não se preocupa com a valoração dos fins da lei.

A completa superação do pensamento lógico-conceitualista é obtida pela Jurisprudência dos Interesses de Heck. As necessidades vitais e os interesses reais de toda ordem (material, religiosa, ética, etc.), presentes em cada comunidade jurídica, produzem a lei. Estas forças sociais são a sua causa, devendo ser levadas em conta, na prática judicial, para a decisão de cada caso. Desta forma, o Direito se abre para a vida. Em vez de uma simples subsunção lógico-formal, o juiz pode desenvolvê-lo além dos estreitos limites da lei, através de uma investigação histórica dos interesses em jogo na sociedade, em harmonia, porém, com as ponderações valorativas subjacentes à ordem jurídica, contidas na própria lei. Em caso de lacunas, o juiz pode seguir sua valoração pessoal ou pontos de vista teleológicos. Note-se que os

---

[6] LARENZ. *Metodologia*, p. 56.

[7] Cfe. referido por A. Kaufmann, em Panorâmica Histórica de los Problemas de la Filosofía del Derecho. (Trad. María Virginia Martínez Bretones e Gregorio Robles Morchón). In: KAUFMANN, Arthur. (org.). *El pensamiento jurídico contemporáneo*. Madrid: Debate, 1992, p. 118.

"interesses" dizem respeito indistintamente tanto às causas da lei, quanto às valorações feitas pelo juiz e aos critérios de valoração utilizados.

A reação subjetivista no debate jusmetodológico se manifesta através do irracionalismo voluntarístico do Movimento do Direito Livre, cujos defensores mais destacados são Bülow, Kantorowicz e Hermann Isay. Para eles, toda decisão judicial, mais do que uma dedução lógica, é uma atividade criadora, que surge do sentimento jurídico do juiz, manifestado através de uma resolução, de um ato de vontade. Só depois, a fundamentação lógico-jurídica aparece. Sem apontar qualquer critério para a decisão judicial, deixada ao emocionalismo do julgador, o "Direito Livre" não representa, no entanto, qualquer avanço em relação à Jurisprudência dos Interesses, que, ao menos, ao lado da margem de liberdade, indica ao juiz os critérios de valoração, que devem ser extraídos da ordem jurídica.

Expressão maior da influência do conceito positivista das ciências naturais é a Sociologia Jurídica de Ehrlich e Franz Jerusalem. Considerando-se filiados à verdadeira ciência do Direito, devido à utilização do método empírico da observação dos fatos e experiências subjacentes ao fenômeno jurídico, rechaçam toda construção abstrata de conceitos. Na aplicação do Direito, impõem ao juiz a obrigação de valorar autonomamente os interesses em causa, sem estar vinculado a qualquer critério específico, pois, os juízos de valor do legislador estão dispersos na legislação, sendo sempre possível encontrar algum que apóie a interpretação desejada. O Direito é, então, reduzido ao seu aspecto fático.

### 1.2.2. Kelsen e a Teoria Pura do Direito

Para recuperar o aspecto normativo do Direito, abandonado pela Sociologia empirista, a vertente lógica do Positivismo (também denominado neopositivismo lógico) produz a mais bem acabada tentativa de fundamentação da autonomia metodológica da Ciência do Direito: a Teoria Pura do Direito de Hans Kelsen. Partindo de rigorosa distinção entre o mundo dos fatos (*Sein*) e o das normas (*Sollen*), Kelsen delimita o objeto da Ciência do Direito: somente o dever ser, ou seja, um complexo de normas considerado formalmente. Assim, obtém-se um conhecimento puro, livre de injunções de qualquer natureza e desligado de qualquer finalidade prática que não se vincule a seu objeto de estudo. A ordem jurídica é escalonada hierarquicamente, e a produção do Direito consiste num processo que parte da Constituição (cuja validade advém da norma fundamental pressuposta), passa pela lei e demais atos normativos até chegar à decisão num caso concreto. Cada etapa confere maior concreção ao Direito. Neste sentido, há aplicação e criação do Direito ao mesmo tempo.

No que tange à interpretação do Direito, a ciência jurídica fornece apenas um quadro das possiblidades de solução, através da investigação meramente literal dos significados da lei. Cabe ao aplicador (juiz ou funcionário) preencher a "moldura vazia" discricionariamente, no marco das possibilidades da ordem jurídica, criando a norma individual do caso concreto, por um ato de vontade e, por conseguinte, de política jurídica.

### 1.2.3. Novos horizontes no pensamento jurídico-metodológico

Na primeira metade do século XX, a tradição do positivismo formalista de um sistema jurídico fechado em si mesmo cede lugar, principalmente na Alemanha, a uma renovação filosófica que, sob as influências do jusnaturalismo e do historicismo, desenvolve uma teoria dos valores e reconhece a natureza axiológica do Direito e sua pretensão de ser justo. Inspirando-se em tais idéias, juristas de diferentes orientações (neokantismo, neohegelianismo, fenomenologia), tais como Stammler ("Direito Justo"), Rickert, Lask, Radbruch e Binder lançam as bases do que se costuma denominar a Jurisprudência dos Valores (ou jurisprudência de valoração). Autores como Zippelius, Coing, Bydlinski, Esser, Engisch, Arthur Kaufmann, Fikentscher, Larenz e Canaris compartem a crítica ao modelo lógico-subsuntivo estrito e preocupações com a preponderância da solução justa do caso concreto e com o procedimento argumentativo a ser seguido para construir a "norma do caso" e atingir a "idéia do Direito". Pretende-se reduzir o decisionismo judicial e, admitindo-se a incidência de critérios de valoração supralegais nas decisões, estabelecer meios de controlá-las e fundamentar racionalmente as opções valorativas feitas. Diferentes correntes contemporâneas compartilham desta pretensão, desde os que partem de um modelo subsuntivo até os adeptos da renovação do pensamento sistemático no Direito, passando pela moderna Teoria da Argumentação Jurídica.

Como explica Juarez Freitas, sobretudo "com o fim do império da razão típica do século XIX - a razão monológica - e com o advento de novos paradigmas, mais e mais, à luz da melhor doutrina, convém que o Direito seja visto como um sistema caracteristicamente aberto e, pois, como potencialmente contraditório, tanto normativa quanto axiologicamente, sem prejuízo do dever racional de se efetuar a sua ordenação 'desde dentro', dado que tal função, para além das diferentes abordagens filosóficas, é um traço comum nos conceitos modernos de sistema jurídico, a par daquela outra conferida ao intérprete de constantemente atualizar o sistema jurídico".[8]

Além desta tendência, o século XX se destaca por outras concepções, adiante mencionadas, que combinam diferentes influências filosóficas e científicas e

---

[8] FREITAS, Juarez. *A interpretação sistemática do direito*. 2.ed. São Paulo: Malheiros, 1998, p. 41. Notadamente sobre Canaris e a renovação do pensamento sistemático no Direito, é essencial a consulta a esta obra.

colaboram para o desenvolvimento do debate metódico no Direito e, de alguma forma, contribuem para a discussão atual.

### 1.2.3.1. Teoria analítica do Direito

Sob a influência da filosofia analítica de Bertrand Russell e Whitehead e da filosofia da linguagem ordinária da segunda fase de Ludwig Wittgenstein, a teoria analítica do Direito, vertente do positivismo jurídico, afirma que as questões metafísicas se devem à má compreensão da lógica da linguagem. Assim, através da análise lógico-lingüística, pretende chegar a enunciados evidentes e compreensíveis sobre o Direito, separando de maneira rigorosa proposições empíricas e normativas, Direito e Moral. Os precursores deste movimento, ainda no século passado, são Jeremy Bentham e John Austin. Atualmente, pode-se registrar a presença de três diferentes e importantes versões da teoria analítica, a saber:

a) A orientação sociológica, própria do Realismo Jurídico, tanto norte-americano quanto escandinavo,[9] investiga o Direito tal como se encontra na sociedade e como se expressa no comportamento dos juízes (tribunais) e cidadãos. Toma-o como fato. Os estudos do realismo sociológico são orientados para a ação e englobam aspectos sociais e psicológicos. A corrente escandinava prioriza o estudo do Direito no marco do comportamento psicológico individual. Traço comum a ambos, porém, é que, a partir da investigação, consideram possível prever o comportamento dos tribunais, assim como se faz no modelo empírico das ciências

---

[9] Como observa Rodolfo VIGO, sob a denominação de "realismo jurídico" e, especialmente na versão escandinava, designam-se diversos autores, sendo difícil identificar a linha comum que os poderia reunir, além da oposição a inquietações metafísicas e da adoção da investigação empírica do Direito. Todavia, em razão da brevidade do histórico aqui exposto, a expressão é usada de forma genérica e francamente ilustrativa. Cf. VIGO, Rodolfo Luis. *Perspectivas Jusfilosóficas Contemporáneas.* Buenos Aires: Abeledo-Perrot.1991, p. 14-8.

naturais. O dinamarquês Alf Ross, um dos mais conhecidos realistas, por exemplo, deixa ao juiz, quando não encontre a solução no Direito positivo, liberdade para decidir como considere justo, com apoio em considerações práticas da "tradição da cultura" do povo.[10]

b) A orientação lógico-analítica, marcadamente anglo-saxã, por sua vez, investiga o Direito como um sistema conceitual linguístico de significados, procurando delimitar precisamente o objeto estudado - os conceitos jurídicos -, através do esclarecimento de seu uso na linguagem ordinária, o que permite compreendê-lo também como fenômeno social.

Em relação ao método jurídico e à possibilidade de controle das decisões, releva destacar a concepção de Hart, um dos principais expoentes desta tradição. Hart sustenta que, nos casos difíceis, o juiz decide de forma discricionária, tal qual o legislador, podendo se valer de metas sociais, inclusive de caráter ético ou político. É a famosa tese da discricionariedade judicial, que tanto debate ainda suscita no mundo jurídico.

c) A escola analítica italiana de Filosofia do Direito, também baseada no exame da linguagem, pode ser caracterizada, a título comparativo, como outra vertente da teoria analítica do Direito. Seu principal representante e fundador é Norberto Bobbio, que, na esteira de Kelsen, introduz o paradigma do rigor lingüístico para a ciência do Direito. Para tanto, tomando o neopositivismo como metodologia, Bobbio entende que, à ciência do Direito e ao jurista, incumbe purificar, completar, interpretar e sistematizar a linguagem original do legislador (as normas jurídicas).[11] A interpretação no

---

[10] Conforme referido por Vigo. In: VIGO. *Perspectivas*, p. 57.

[11] A obra de Bobbio é extensa. Inicialmente marcada por uma posição puramente estruturalista, desenvolve-se até a assunção de noções funcionalistas, não sendo possível resumi-la nos estreitos limites deste histórico. A referência ao autor italiano é, aqui, apenas um registro sobre a variada utilização da filosofia analítica na teoria jurídica contemporânea. Ver sobre Bobbio e, especificamente, sobre o tema em questão: OLIVEIRA JÚNIOR, José Alcebíades de. *Bobbio e a Filosofia dos Juristas*. Porto Alegre: Fabris, 1994. 159 p. (especialmente capítulos 3 e 5).

Direito não é totalmente aberta, devendo-se levar em conta a unidade representada pelo ordenamento jurídico, ainda que este não seja um todo absolutamente coerente e completo.

### 1.2.3.2. *Lógica jurídica*

A prática argumentativa dos juristas e sua análise lógica é tema tradicional da Teoria do Direito. Porém, o uso da lógica formal matemática ou simbólica só chega ao campo jurídico a partir da Segunda Guerra Mundial. Ulrich Klug e Ilmar Tammelo, pioneiros no desenvolvimento da lógica jurídica, tratam-na como parte especial da lógica formal - atualmente muito útil para o tratamento eletrônico de dados na Informática Jurídica. Já Von Wright e Kalinowski desenvolvem uma lógica especial dos valores e das normas - a lógica deôntica -, elaborada a partir das modalidades deônticas de obrigação, permissão e proibição, que servem para a análise dos raciocínios jurídicos. Os estudos lógicos são fundamentais para o desenvolvimento da moderna investigação sobre argumentação no Direito.

Segundo Arthur Kaufmann, contudo, a lógica jurídica (formal ou deôntica) corre o risco de transformar o Direito num sistema axiomático, fechado e inacessível às mudanças do mundo exterior.[12] Para fazer face a esta tendência, surgem outros movimentos metodológico-jurídicos, tais como a hermenêutica e a tópica, que defendem a investigação jurídica no marco da argumentação correta em um sistema aberto.

### 1.2.4. A "viragem hermenêutica" da jurisprudência

Os conceitos da filosofia hermenêutica de Schleiermacher, Dilthey, Gadamer e Heidegger não fornecem

---

[12] Cfe. KAUFMANN, no texto acima referido, Panorámica Histórica de los Problemas de la Filosofia del Derecho. In: KAUFMANN, Arthur (org.). *El pensamiento jurídico contemporáneo*, p. 128.

um método para garantir a correção das interpretações e decisões jurídicas, mas trazem à tona aspectos essenciais da prática do Direito. E, ao explicitar as condições de possibilidade da compreensão do sentido, desmitificam ilusões como a de que aplicar o Direito é mera subsunção lógico-formal.

Com base em tais idéias, a hermenêutica jurídica considera que toda investigação jurídica significa argumentar corretamente num sistema aberto, pois o peso e a hierarquia de um instrumento interpretativo (os argumentos utilizados ou as regras de interpretação) são, na verdade, determinados pelo próprio intérprete (ou julgador). A compreensão do sentido lingüístico não é meramente receptiva, mas implica sempre uma pré-compreensão por parte do intérprete. Este traz consigo a "tradição" da sociedade, seu contexto vital. Somente a partir dela, o intérprete pode se inserir no processo de compreensão, que se desenvolve de forma circular, através de resultados provisórios. É o círculo hermenêutico, "um recíproco operar de um sobre o outro *do movimento da tradição e o movimento do intérprete*".[13]

O Direito também é o resultado de um processo de realização e desenvolvimento hermenêutico de sentido. Através dele, deve-se buscar uma atribuição recíproca de sentido entre a norma e o caso; deve-se elaborar a concordância recíproca de sentido entre ambos. Desta forma, torna-se impossível sustentar um dualismo metodológico, como se, primeiro, se conhecesse o fato, e, depois, fosse aplicado o Direito. As duas fases se inter-relacionam. A mera aplicação do Direito é sempre um ato criativo, ainda que inconsciente. Constata-se que as regras metodológicas para a intepretação do Direito possuem apenas uma função limitada, já que a compreensão se fundamenta na "tradição", na prática vital

---

[13] Como referido por Ulrich SCHROTH, em Hermenêutica Filosófica y Jurídica (Trad. Juan Antonio García Amado).In: KAUFMANN, A. (org.). *El pensamiento jurídico contemporáneo*. Madrid: Debate, 1992, p. 291.("un recíproco operar de uno sobre otro *del movimiento de la tradición y el movimiento del intérprete*".).

comum. Além disso, a pré-compreensão condiciona a própria compreensão e determina a seleção e escolha da solução pelo intérprete (ou juiz), que parte de suas experiências e conhecimentos. Contudo, não se defende o subjetivismo judicial, pois o juiz está ligado à "tradição" social (e, por conseguinte, ao Direito vigente). Espera-se também que o intérprete-julgador possa revisar sua própria pré-compreensão e esteja consciente de que a interpretação do texto sempre corresponde à sua aplicação para a atualidade.

Questões como a possibilidade de conhecimento sem aceitação e a aplicação dos textos jurídicos em questões práticas singulares, e não gerais, suscitam um maior desenvolvimento da abordagem hermenêutica do Direito. Porém, sua influência, a denominada "viragem hermenêutica" que se inicia no final dos anos sessenta, se faz sentir nas mais variadas linhas de pensamento jusfilosófico e metodológico, agregada à orientação principal da investigação de cada uma delas. Segundo Lamego, na maioria dos casos, os autores "ligam a reflexão metodológica às necessidades do trabalho no âmbito das ciências jurídico-dogmáticas (...) Manifesta-se aqui, uma vez mais, algo de semelhante à auto-consciência que Ehrlich elogiava nos juristas do Direito comum: a idéia de que não se perseguem fins científicos, mas o escopo permanente da Jurisprudência prática de tornar o Direito tributário das necessidades da vida".[14]

### 1.2.5. Tópica e retórica: a caminho da Teoria da Argumentação Jurídica

Na Europa do pós-guerra, nos anos cinqüenta, surge um movimento que, rejeitando a lógica formal como instrumento para a análise do Direito, propõe a recuperação do pensamento clássico tópico ou retórico.

---
[14] LAMEGO, José. *Hermenêutica e Jurisprudência*. Lisboa: Fragmentos, 1990, p. 92.

Esta tradição remonta a Aristóteles, que opõe o raciocínio baseado em argumentos "verdadeiros" (apodícticos ou demonstráveis) da ciência aos da dialética. A dialética parte de *endoxas*, premissas simplesmente opináveis ou verossímeis, aceitas como verdadeiras pelos mais sábios ou pela comunidade, e que, após uma seqüência de silogismos, conduzem a conclusões formalmente corretas. A tópica é o processo para a obtenção das premissas. Cícero, por sua vez, considera a tópica como uma prática de argumentação a serviço da retórica, em que as conclusões a que se chega valem pelo efeito obtido e, para tanto, o mais importante é selecionar os argumentos e elaborar as premissas da discussão. Os antigos utilizam a tópica para dar respostas a questões práticas, que dependem da aceitação de homens notáveis (recurso à autoridade). Cultivada ainda pelos juristas da Idade Média, a cultura ocidental moderna abandona-a totalmente, a partir do racionalismo e da introdução do método matemático-cartesiano.

### 1.2.5.1. A tópica de Viehweg

Em 1953, na Alemanha, Theodor Viehweg lança "Tópica e Jurisprudência", logo após a introdução da lógica moderna no Direito, através de Klug.

Viehweg concebe a tópica como uma técnica do pensamento problemático, que opera com *topoi* (tópicos): lugares comuns, pontos de vista geralmente aceitos, fórmulas, aforismos, estereótipos. Constituem o ponto de partida da discussão do problema. A tópica é, portanto, um modo de pensamento que privilegia mais as premissas do que as conclusões. São a busca e o exame das premissas (tópica de primeiro grau), que, direcionados ao problema que se quer resolver, orientam a argumentação. Para se ter mais segurança, recorre-se a catálogos de tópicos (tópica de segundo grau): repertórios de pontos de vista mais ou menos organizados conforme critérios variados e elásticos. Não há uma hierarquia entre os tópicos, que recebem seu sentido do problema e, em relação ao mesmo, são adequados ou não. A única instância de controle é a própria discussão, em que apenas as premissas aceitas são admitidas. O acento está no problema, isto é: toda questão que aparentemente permite mais de uma resposta e requer um entendimento prévio, a partir do qual é delimitada a questão a ser considerada, e para a qual se busca uma solução. Esta última não é certa, evidente. É apenas plausível, derivada do senso comum. É uma solução possível dentre outras.

Com isto, Viehweg opõe-se ao pensamento sistemático, lógico-dedutivo, regido pela idéia de totalidade de axiomas independentes e compatíveis entre si. Privilegiando o sistema, este modo de pensar seleciona os problemas pela adequação destes à estrutura sistêmica, descartando os "inadaptados" como problemas falsos ou aparentes. Devido ao papel diretivo do problema no raciocínio jurídico - voltado a estabelecer o que é justo aqui e agora -, Viehweg considera impossível o uso do modelo sistemático no Direito. Isto porque é em função do problema que são selecionados os sistemas que levam à solução, o que corresponde a uma espécie de sistema aberto, em que o ponto de vista não está adotado previamente.

"O direito propriamente dito se constituiria nesse processo dialógico, e não se identificaria exclusivamente com o ponto de partida do mesmo (o direito positivo, quando exista, ou os tópicos particulares que se invoquem), mas com seu elemento resultante: as soluções dos casos jurídicos (...) O direito constitui uma realidade dinâmica e em permanente estado de conformação".[15]

---

[15] GARCÍA AMADO, Juan Antonio. Tópica, Derecho y método jurídico. In: Cuadernos de Filosofía del Derecho, DOXA 4. Alicante, 1987, p. 174. ("El derecho propriamente dito se constituiría en ese proceso dialógico, y no se identificaría exclusivamente con el punto de partida del mismo (el derecho positivo, cuando exista, o los tópicos particulares que se invoquen), sino con su elemento resultante: las soluciones de los casos jurídicos (...) El derecho costituye una realidad dinámica y en permanente estado de conformación.").

Para Viehweg, a racionalidade da decisão jurídica não advém da conclusão nem das premissas utilizadas, mas do próprio processo argumentativo que conduz à conclusão e a fundamenta, demonstrando a conveniência dos pontos de partida. Antecipa ele a perspectiva procedimental da moderna teoria da argumentação e destaca "a necessidade de argumentar também onde não cabem fundamentações concludentes e a necessidade de explorar no raciocínio jurídico os aspectos que permanecem ocultos numa perspectiva exclusivamente lógica".[16]

### 1.2.5.2. Perelman e a nova retórica[17]

Chaïm Perelman é, sem dúvida, um dos grandes responsáveis pela recuperação da tradição clássica da tópica e da retórica.

Na tentativa de desenvolver uma teoria da Justiça, Perelman questiona-se sobre como se raciocina acerca de valores e chega à distinção aristotélica entre raciocínios lógico-formais e raciocínios dialéticos ou retóricos. Neste segundo tipo, situa sua teoria da argumentação, com a qual pretende ampliar o campo da fundamentação racional para além das ciências dedutivas e empíricas (indutivas), abrangendo também as ciências humanas (Direito e Filosofia). Estuda a estrutura lógica da argumentação e parte da análise dos raciocínios usados na prática por políticos, juízes e advogados para construir uma teoria da argumentação jurídica.

---

[16] ATIENZA, Manuel. *Las Razones del Derecho. Teorías de la Argumentación Jurídica*. Madrid: Centro de Estudios Constitucionales, 1993, p. 62. ("la necesidad de razonar también donde no caben fundamentaciones concluyentes y la necessidad de explorar en el razonamiento jurídico los aspectos que permanecen ocultos desde una perspectiva exclusivamente lógica.").

[17] Neste item, tendo em vista o caráter restrito do histórico apresentado e a influência de algumas idéias de PERELMAN sobre o pensamento de AARNIO, serão privilegiados apenas alguns conceitos mais relevantes (como o de auditório), os quais serão selecionados também pela repercussão que tiveram nas modernas teorias da argumentação. A adaptação de AARNIO para o citado conceito perelmeniano está no terceiro capítulo, item 3.2.1.3.

Afirma que, ao contrário do raciocínio demonstrativo (lógico-dedutivo), em que a passagem das premissas à conclusão tem um caráter necessário, a argumentação propriamente dita (retórica e, particularmente a jurídica) opera simplesmente no âmbito do plausível, do verossímil, do provável, já que não abrange as certezas do cálculo e nem as verdades evidentes. Assim, o objeto da teoria da argumentação "é o estudo das técnicas discursivas que permitem *provocar ou aumentar a adesão dos espíritos às teses que se lhes apresentam ao assentimento*".[18]

Como não se deve identificar evidência e verdade, é preciso estudar separadamente os aspectos do raciocínio relativos à verdade e aqueles referentes à adesão. Através da argumentação, busca-se a aceitação do auditório perante o qual se argumenta. E "quando se trata de argumentar, de influenciar, por meio do discurso, a intensidade de adesão de um auditório a certas teses, já não é possível menosprezar completamente, considerando-as irrelevantes, as condições psíquicas e sociais sem as quais a argumentação ficaria sem objeto ou sem efeito. Pois *toda argumentação visa à adesão dos espíritos e, por isso mesmo, pressupõe a existência de um contato intelectual*".[19]

Decorre daí o conceito basilar em sua teoria e o que tem maior repercussão na moderna Teoria da Argumentação Jurídica - o de auditório: "*conjunto daqueles que o orador quer influenciar com sua argumentação*".[20] Como a finalidade da argumentação é obter ou fortalecer a adesão do auditório, o orador tem que adaptar seu discurso ao mesmo. É o auditório que determina a qualidade e o valor da argumentação e o comportamento do orador. Conhecer o auditório é, assim, a condição prévia de toda e qualquer argumentação eficaz.

---

[18] PERELMAN, Chaïm e Olbrechts-Tyteca, Lucie. *Tratado da Argumentação. A Nova Retórica*. São Paulo: Martins Fontes,1996, p. 4. (Trad. Maria Ermantina G. G. Pereira)(em itálico, no original).
[19] PERELMAN. *Tratado*, p. 16. (em itálico, no original).
[20] Idem, p. 22.

Em busca da racionalidade e objetividade da argumentação, Perelman chega à noção de auditório universal. Este é um conceito ideal e ambíguo. Refere-se a todos os seres de razão (universalidade), mas é também uma construção do orador determinada por seu contexto sociocultural (e, portanto, não objetiva). Analisando esta noção, Robert Alexy procura compatibilizar estas incongruências, por entender que quem "se dirige ao auditório universal, se dirige ao conjunto de todos os homens enquanto seres que argumentam, e nisto sua idéia destes homens está conformada por suas concepções anteriores (...) Na medida em que tem lugar um intercâmbio de argumentos, perdem peso as concepções prévias, que se convertem inclusive em objeto do discurso".[21]

O auditório universal permite distinguir convencimento e persuasão. Esta se deve à apresentação de argumentos eficazes, perante auditórios particulares, possuindo assim caráter mais restrito. Aquele, por sua vez, é obtido através de argumentos válidos, aceitos pelo auditório universal. O limite é tênue e, geralmente, eficácia e validade interagem.

Alexy considera também que, ao conceito de auditório universal, estão vinculadas as exigências de sinceridade, seriedade, imparcialidade, universalidade ou generalização, que caracterizam uma argumentação racional, a exemplo da situação ideal de fala de Habermas.[22]

Releva mencionar ainda o conceito de razoabilidade de Perelman. Para ele, "o *razoável* não remete a uma solução única, e sim implica uma *pluralidade de soluções possíveis*; porém, há um limite para essa tolerância, é o

---

[21] ALEXY. *Teoría*, p. 163-4. ("se dirige al auditorio universal, se dirige al conjunto de todos los hombres enquanto seres que argumentan, y en esto su idea de estos hombres está moldeada por sus concepciones anteriores (...) En la medida en que tiene lugar un intercambio de argumentos, pierden peso las concepciones previas, que se convierten incluso en objeto del discurso.").
[22] Idem, p. 168-72.

*desarrazoado que não é aceitável (...) É desarrazoado o que é inadmissível numa comunidade em dado momento".*[23] Reconhece o autor que "a idéia do desarrazoado, vaga mas indispensável, não pode ser precisada independentemente do meio e do que este considera inaceitável".[24] Com isto, na aplicação do Direito, o juiz fica vinculado à sociedade e, segundo Manuel Atienza, em Perelman, o "razoável" é um critério regulativo para a interpretação do Direito, cujo valor é superior à justiça ou eqüidade.[25]

As idéias de Perelman e Viehweg abrem o caminho para os cultores da moderna Teoria da Argumentação Jurídica, pois destacam o papel da argumentação no processo de aplicação do Direito e colaboram decisivamente para a expansão dos limites da racionalidade jurídica.

## 1.3. A VERSÃO ATUAL DA METODOLOGIA JURÍDICA: A TEORIA DA ARGUMENTAÇÃO

### 1.3.1. Caracterização geral

Atualmente, a síntese de todas as preocupações com o método jurídico e, principalmente, com a segurança e a correção na aplicação do Direito, vem sendo desenvolvida pelos estudiosos da Teoria da Argumentação Jurídica. Os vários representantes da versão atual da metodologia jurídica procuram estabelecer procedimentos e critérios para a racionalização e o controle das decisões jurídicas, geralmente voltados para os aspectos formais no âmbito judicial.

Através da decisão judicial, que soluciona conflitos surgidos no meio social, o Direito se concretiza. Encerra-

---
[23] PERELMAN, Chaïm. *Ética e Direito.* São Paulo: Martins Fontes,1996, p. 432. (Trad. Maria Ermantina G.G.Pereira) (sem itálico, no original).
[24] Idem, p. 436.
[25] ATIENZA. *Las Razones*, p. 92.

da a disputa processual, prevalece uma resposta. É esta a melhor ou a verdadeira? Como o juiz pode chegar a uma decisão justa (correta)? Este é o cerne da questão sobre a qual se debruçam juristas, filósofos, juízes e todos os operadores do Direito, sem obter qualquer solução efetiva. Na atividade decisória judicial, em que se exerce parcela do poder estatal através de um procedimento altamente institucionalizado, encontram-se três elementos essenciais: a situação conflituosa a ser resolvida (e, obviamente, as partes em conflito), o procedimento argumentativo realizado objetivando a decisão, e a conclusão ou decisão propriamente dita. Verifica-se que toda decisão concreta deve ser fundamentada, através de argumentos que justifiquem sua conclusão. Deste contexto, decorre a necessidade de uma Teoria da Argumentação Jurídica, destinada a estudar os argumentos utilizados nas instâncias decisórias do mundo jurídico.

Manuel Atienza[26] distingue as diferentes formas de argumentação coexistentes no universo jurídico e as classifica segundo o contexto e a função de sua enunciação, a saber: a) no processo legislativo, a argumentação se refere à produção e estabelecimento de normas jurídicas e abrange desde os trabalhos pré-legislativos, de teor mais político e moral, até a fase propriamente tecno-jurídica e legislativa; b) no processo de aplicação das normas jurídicas na solução de casos concretos pelo Judiciário, pela Administração Pública e por particulares, em que se discutem questões de fato e questões de direito; e, c) no âmbito da Dogmática Jurídica, essencialmente voltada para fornecer critérios para a produção e a aplicação do Direito, bem como para a sistematização de um setor específico do ordenamento jurídico.

Normalmente, porém, só as argumentações desenvolvidas no âmbito judicial, sobretudo nos tribunais superiores, e relativas a questões jurídicas, são estudadas pela moderna Teoria da Argumentação Jurídica.

---

[26] ATIENZA. *Las Razones*, p. 19-20.

Além disto, a argumentação jurídica é examinada apenas dentro do chamado contexto de justificação. Pode-se dizer, em linhas gerais, que, na Filosofia da Ciência, distingue-se o contexto de descobrimento do contexto de justificação. O primeiro consiste na atividade de explicar o procedimento pelo qual surge e se desenvolve determinada teoria. Não é analisável logicamente, porque se refere apenas às causas geradoras de certa teoria. Já o segundo diz com a validação da teoria, através de seu confronto com certos fatos e de uma análise lógica.

Esta distinção é usualmente utilizada no âmbito da argumentação jurídica, que se concentra no aspecto justificatório das decisões. Em relação a estas, importa notar que, dado o subjetivismo que caracteriza sua descoberta pelo julgador ou intérprete (ilações mentais, crenças, emoções, pensamentos), é impossível ter acesso ao contexto de descobrimento, que pode apenas ser objeto de análises históricas ou sociológicas. Desta forma, o importante é verificar a correção e aceitabilidade do resultado obtido. Ademais, dos juízes e tribunais não se exige que esclareçam como encontram a conclusão, mas é generalizada a obrigação que se lhes impõe de fundamentação de suas decisões, isto é, o dever de apresentar as razões que pretensamente demonstram a correção de suas decisões. Por outro lado, não existe uma divisão rígida entre os dois contextos, que interagem continuamente.[27]

O contexto de justificação, por sua vez, pode ser dividido em dois âmbitos justificatórios: o interno e o externo. O primeiro se refere à adequação formal do resultado às premissas, que se constata por uma inferência lógico-dedutiva, em que se confere a validade jurídica do raciocínio. Já a justificação externa está vinculada com o estabelecimento das premissas e se verifica por argumentos não-dedutivos (lógica não-formal), através

---
[27] Ver Gunnar BERGHOLTZ, em artigo intitulado Ratio e Auctoritas. In: *DOXA*, v.4. Alicante, 1987, p. 198.

dos quais se comprova o grau de fundamentação das próprias premissas, as quais normalmente envolvem valorações. É o aspecto externo o mais estudado pelos teóricos e o que possui maior relevância do ponto de vista social.[28]

### 1.3.2. Teoria da Argumentação Jurídica contemporânea: funções e classificação

As pesquisas desenvolvidas no marco da moderna Teoria da Argumentação Jurídica prestam-se ao desempenho de diferentes funções. No plano teórico, além de proporcionar uma maior compreensão do fenômeno jurídico em seus múltiplos aspectos, colaboram com o desenvolvimento de outras disciplinas (Filosofia, Ciência Política, Literatura, Sociologia), em que também se estuda a prática argumentativa.

No plano técnico, têm função instrumental. De um lado, servem de orientação para os operadores jurídicos na produção, interpretação e aplicação do Direito, através da apresentação de métodos condizentes com a efetiva prática de justificação jurídica e de critérios que possibilitem avaliar a correção desta, bem como através da formação acadêmica dos profissionais, ensinando-os a raciocinar juridicamente de maneira adequada. De outro lado, a argumentação jurídica é de grande importância para o desenvolvimento, pela Informática Jurídica, dos chamados "sistemas jurídicos especialistas". A Teoria da Argumentação pode fornecer informações sobre os processos argumentativo e estratégico que compõem o discurso jurídico, necessárias para a construção dos referidos sistemas informáticos.

Finalmente, política e moralmente, a argumentação jurídica reflete a ideologia jurídica e social que está na base de cada sistema. No desempenho desta função,

---

[28] Também Aarnio ressalta a importância do aspecto externo da justificação jurídica, cfe. item 2.5.2.3 do segundo capítulo.

A Justificação do Direito e sua Adequação Social     43

percebe-se que, em geral, as teorias atualmente existentes colaboram mais para legitimar o Direito do que para apontar suas falhas, porque se baseiam no pressuposto fundamental "de que sempre é possível 'fazer justiça de acordo com o Direito'".[29]

Por outro lado, observa-se que as teorias sobre argumentação no Direito tratam de diferentes interesses cognitivos. Consoante a tendência predominante, podem ser classificadas como: a) descritivas ou empíricas: quando descrevem o procedimento real de justificação na prática jurídica; b) prescritivas ou normativas: quando estabelecem regras e métodos para os operadores do Direito, indicando como deveriam ser justificadas as decisões jurídicas; e, c) compreensivas: quando esclarecem o sentido e a tarefa da argumentação jurídica em relação às decisões jurídicas. Neste caso, se se entende que a argumentação deve garantir mais do que a simples aceitação das decisões, as teorias têm que indicar critérios para avaliar a racionalidade destas, o que só pode ser feito através da avaliação da justiça ou correção material das mesmas no marco da ordem jurídica válida.[30]

Normalmente, as teorias existentes combinam os três aspectos mencionados. No âmbito prescritivo, contudo, limitam-se ao aspecto formal, sem indicar critérios materiais de correção a que as decisões jurídicas deveriam se ajustar.

### 1.3.3. Teoria da Argumentação, discurso prático e única resposta correta

Restringindo-se ao aspecto procedimental, os teóricos da argumentação costumam estabelecer regras ou

---
[29] ATIENZA. *Las Razones*, p. 251.("de que siempre es posible 'hacer justicia de acuerdo con el Derecho'.").
[30] Conforme, principalmente, a classificação de Jochen SCHNEIDER e Ulrich SCHROTH, no artigo Perspectivas en la aplicación de las normas jurídicas: determinación, argumentación y decisión. In: KAUFMANN, Arthur (org.) *El pensamiento*, p. 400-07.

condições para que a decisão jurídica sobre problemas concretos, através de valorações, seja suscetível de controle racional. Algumas destas regras - como, por exemplo, não-contradição, universalidade, argumentação teleológica - são tomadas da Filosofia prática ou moral e de sua teoria do discurso e acabam incorporadas como elementos constituintes das distintas teorias da argumentação jurídica. Alexy esclarece que este conjunto de regras, "que pretende formular algo assim como um código da razão prática, não apenas complementa as regras específicas do discurso jurídico, mas constitui também a base para sua justificação e crítica, no marco de uma justificação e crítica do sistema jurídico em seu conjunto".[31]

Resta verificar se tal procedimento argumentativo conduz a uma única resposta correta.

Sobre esta questão, polêmica em toda Filosofia do Direito, também divergem os teóricos argumentação jurídica.[32] Esta controvérsia se deve a divergências mais profundas, pois defender a existência de uma única resposta correta para cada problema jurídico significa condicionar a racionalidade do Direito à univocidade de sua interpretação. Tal entendimento tem raízes numa concepção super-racionalista do mundo. Através dela, enfatiza-se primordialmente o asseguramento da segurança jurídica e da igualdade entre os indivíduos na sociedade. Já a visão inversa, que admite a pluralidade de respostas, revela uma noção de racionalidade mais ampla e não restrita a rígidos esquemas lógico-formais. Em ambas as tendências, no entanto, subjazem pressuposições axiológicas distintas e inconciliáveis, como se verá no capítulo terceiro.

---

[31] ALEXY, Robert. *Derecho y Razón Práctica.* México: Fontanamara, 1993, p. 21. ("que pretende formular algo así como un código de la razón práctica, no sólo complementa las reglas específicas del discurso jurídico, sino que constituye también la base para su justificación y crítica, en el marco de una justificación y crítica del sistema jurídico en su conjunto".).
[32] Cfe. item 1.4, infra.

## 1.4. VISÕES CONTEMPORÂNEAS DA TEORIA DA ARGUMENTAÇÃO JURÍDICA

Diversos juristas têm dedicado sua atenção para a Teoria da Argumentação Jurídica moderna, como, por exemplo, Toulmin, Robert Alexy, Neil Maccormick, Alecsander Peczenik, J. Koch, Rüssmann, Arthur Kaufmann, Ota Weinberger, Neumann, Manuel Atienza e também Aulis Aarnio.

Pode-se mencionar, em linhas gerais, algumas de suas principais concepções, destacando-se os traços que mais interessam aos objetivos deste trabalho.[33]

Toulmin, um dos precursores da investigação metodológica atual, na esteira de Viehweg e Perelman, constata a insuficiência da lógica formal (dedutiva) para a análise de raciocínios que não sejam matemáticos. Sua teoria da argumentação traz contribuições importantes, a partir de sua preocupação com a lógica aplicada e traça um paralelo entre esta e a Jurisprudência, com o objetivo de generalizar o modelo de argumentação desenvolvido perante os tribunais para todas as áreas. Ressalta Toulmin que a correção dos argumentos não é uma questão meramente formal, mas procedimental, porque está relacionada com critérios substantivos e historicamente variáveis, adequados para cada caso. Concebe os argumentos como forma de ação e interação humana, que, portanto, escapam ao campo da lógica formal. Destaca também o caráter dialógico da argumentação.

Neil Maccormick, por sua vez, apresenta uma teoria integradora da argumentação jurídica, de caráter descritivo-prescritivo. Entende que a função essencial de qualquer argumentação, especialmente da jurídica, é a de justificação. Justificar uma decisão jurídica é dar razões que demonstrem que a mesma assegura a justiça de acordo com o Direito. Para ele, o raciocínio jurídico é uma espécie de raciocínio moral, e os juízes aderem ao

---

[33] Neste item, as referências a Toulmin e Maccormick se baseiam na obra de Manuel Atienza, acima referida.

sistema jurídico por razões morais. Quanto à adesão a distintos princípios normativos, afirma tratar-se mais de uma questão de afetividade do que de racionalidade. Defende, pois, um pluralismo axiológico. Admite mais de uma resposta correta nos casos difíceis e recorre a uma instância ideal - o "espectador imparcial", plenamente informado -, para determinar a solução segundo critérios "quase objetivos". Para a justificação dos casos controvertidos, exige a observância de uma série de regras (universalidade, consistência, coerência e aceitabilidade das conseqüências). Observa, porém, que, em alguns casos, a justificação jurídica possui um caráter estritamente dedutivo.

Robert Alexy, certamente um dos mais conhecidos teóricos da argumentação jurídica, desenvolve uma teoria largamente difundida e que influencia outros autores, inclusive Aarnio. Entende Alexy que, no Direito, sempre se resolvem questões práticas: aquilo que é obrigado, proibido ou permitido. Por isto e por estar vinculada a condições limitadoras (lei, precedentes, dogmática jurídica), a argumentação jurídica é um caso especial de argumentação prática (moral). As decisões jurídicas podem ser racionalmente fundamentadas no marco da ordem jurídica vigente e também mediante a observância de um sistema de regras e princípios do discurso racional. Nos casos mais ou menos problemáticos, normalmente relacionados com princípios jurídicos, verifica-se a conexão necessária entre o Direito e a Moral, pois neles são feitas "valorações que não podem ser extraídas obrigatoriamente do material fixado através de autoridade. A racionalidade da argumentação jurídica depende por isto essencialmente de se, e com que alcance, estas valorações adicionais são suscetíveis de um controle racional".[34] Propõe Alexy a tese da única

---

[34] ALEXY. *Derecho*, p. 20. ("valoraciones que no pueden extraerse obligatoriamente del material autoritativamente fijado. La racionalidad de la argumentación jurídica depende por eso esencialmente de sí, y con qué alcance, estas valoraciones adicionales son suscetibles de un control racional".).

resposta correta como idéia regulativa para os participantes dos discursos jurídicos. Explica que ela "não pressupõe que exista para cada caso uma única resposta. Pressupõe apenas que em alguns casos se pode dar uma única resposta correta e que não se sabe em que casos isto é assim, de maneira que vale a pena procurar encontrar em cada caso a única resposta correta. As respostas encontradas, no marco deste intento (...) são ao menos relativamente corretas".[35]

Manuel Atienza, por outro lado, apresenta um projeto de teoria da argumentação jurídica, em que aponta as limitações das teorias existentes. Sugere um procedimento para representar a argumentação jurídica que dê conta da prática real dos juristas, abrangendo todos os níveis da linguagem e as relações entre os argumentos e que, ao invés da lógica clássica comumente utilizada, sirva-se de esquemas compostos basicamente por figuras geométricas. Além disso, ressalta a necessidade de critérios de correção das decisões jurídicas de natureza moral e política. Em consonância com isto, refere-se aos "casos trágicos", isto é, aqueles em que não há respostas corretas, a não ser que se sacrifique algum valor jurídico ou moral fundamental e que não têm sido considerados pelos juristas.[36]

Arthur Kaufmann, por seu turno, desenvolve uma "teoria da justiça procedimental fundamentada personalisticamente" que ultrapassa os lindes da argumentação jurídica, mas, a título de comparação, pode ser incluída neste rol exemplificativo.

Referindo-se às teorias procedimentais da Justiça de Rawls (modelo contratualista) e Habermas (modelo discursivo), Kaufmann propõe uma alternativa, segun-

---

[35] ALEXY. *Derecho*, p. 22. ("no presupone que exista para cada caso una única respuesta correcta. Sólo presupone que en algunos casos se puede dar una única respuesta correcta y que no se sabe en qué casos es así, de manera que vale la pena procurar encontrar en cada caso la única respuesta correcta. Las respuestas que se encuentren, en el marco de este intento (...) son al menos relativamente correctas.").
[36] ATIENZA. *Las Razones*, p. 235-52.

do a qual o discurso prático (que é do tipo normativo, traço que também caracteriza o discurso jurídico) deve possuir um objeto material para que possa conduzir a resultados corretos ou verdadeiros. Para ele, deve haver "um fenômeno que seja *suscetível de ser contemplado ao mesmo tempo como ser e como processo* (...) como conjunto de relações nas quais o homem se situa frente a outros homens ou frente as coisas",[37] pois são as relações pessoais dos homens que identificam "o pensamento jurídico como tal, posto que, em definitivo, o direito só se legitima por meio de que *a cada qual se garanta o que lhe corresponde como pessoa: o suum iustum* (sobretudo por meio da *garantia dos direitos humanos e fundamentais*)".[38]

Por fim, pode-se mencionar também Ronald Dworkin. É certo que sua obra não pode ser limitada ao âmbito específico da investigação metodológica da Teoria da Argumentação Jurídica. Mas, neste setor, sua tese da "única resposta correta" para cada caso jurídico tem suscitado um vivo debate. No desenvolvimento final deste trabalho, alguns aspectos desta tese serão analisados, em confronto com a visão de Aulis Aarnio - a seguir exposta -, a qual se centra no comportamento argumentativo dos juristas e se dedica a elaborar uma reconstrução da justificação na dogmática jurídica, principalmente nas decisões judiciais, socialmente adequada.

---

[37] KAUFMANN. *Panorámica.* In: KAUFMANN, Arthur (org.). *El pensamiento,* p. 140. ("un fenómeno que sea *suscetible de ser contemplado a la vez como ser y como proceso* (...) como conyunto de relaciones en las que el hombre se sitúa respecto a otros hombres o respecto a las cosas".).
[38] KAUFMANN. *Panorámica.* In: KAUFMANN, Arthur (org.). *El pensamiento,* p. 140. ("el pensamiento jurídico como tal, puesto que en definitiva el derecho sólo se legitima por medio de que *a cada qual se garantice lo que le corresponde como persona: el suum iustum* (sobre todo por medio de la *garantía de los derechos humanos y fundamentales*".).

## 2. Sobre "lo racional como razonable" de Aulis Aarnio: uma teoria social da justificação jurídica

### 2.1. CONSIDERAÇÕES PRELIMINARES

Uma interessante maneira de se travar contato com o atual estágio da investigação jurídico-metodológica é através da obra "*Lo racional como razonable. Un tratado sobre la justificación jurídica*", de Aulis Aarnio, em virtude da combinação profícua de questões filosóficas, jurídicas e políticas levada a efeito pelo jurista finlandês e em função do tratamento dispensado à controvertida questão da resposta correta. Com o propósito de coletar subsídios para um exame acerca da polêmica suscitada por esta última, apresentar-se-á, no presente capítulo, uma síntese das principais idéias expostas por Aarnio, na obra referida, privilegiando-se os traços sociais da justificação jurídica por ele destacados. Cumpre observar que alguns aspectos de seu pensamento serão integralmente explicitados no desenvolvimento ulterior deste trabalho, em que se apresentará o modelo ideal de justificação proposto pelo autor.

De realçar que Aarnio preocupa-se com a relação entre Direito, sua justificação e Democracia nas sociedades pós-industriais contemporâneas. Atento à problemática atual da reavaliação da posição do sujeito, afirma ser preciso reconhecer que o conceito de indivíduo está em crise, tanto em relação ao próprio papel do ser humano, quanto no que tange às interações humanas em geral - regidas, em grande medida, por normas jurídicas -, sendo necessário avaliar como o Direito é afetado por esta delicada conjuntura. Um dos principais reflexos da mesma, especialmente nas culturas ocidentais, é o enfraquecimento da confiança depositada no poder e nas autoridades em geral. Paralelamente, acentua-se a exigência de justificação fática das opiniões (soluções, decisões), em substituição à simples fé no poder em si mesmo.

As razões justificatórias são importantes formas de controle do exercício do poder nas Democracias. Em decorrência disto, cresce a responsabilidade social de dar razões (justificar), atribuída àqueles que exercem o poder; e no Direito, particularmente no âmbito da tomada de decisões de toda ordem. A apresentação de razões públicas é o único meio de controle das decisões e, conseqüentemente, a única forma de medir sua adequação e legitimidade. Através delas, a sociedade se mantém "aberta", democrática e se pode garantir a realização da representatividade. Neste contexto, a justificação jurídica tem um papel especial, pois dela são exigidas razões materiais, teleológicas e de correção. Vale dizer: da justificação jurídica exigem-se valores e valorações.[39]

Decorre daí a estreita combinação entre o Direito e a Moral, o que, por sua vez, conduz a outro aspecto fundamental do pensamento de Aarnio, expresso na obra em exame: a conexão entre o racional e o razoável no que tange à interpretação jurídica.

Sobre isto, explica o autor que, na interpretação jurídica, além dos traços racionais, confere-se uma posição central à teoria dos valores, especialmente à teoria da justiça, sendo impossível falar de interpretações corretas - ou "sensatas" -, sem se posicionar a respeito

---

[39] AARNIO, Aulis. *Lo racional como razonable*. Madrid: Centro de Estudios Constitucionales, 1991, p. 15. (Trad. Ernesto Garzón Valdés).

da teoria dos valores.⁴⁰ No Direito, quem decide (juízes e funcionários) deve estar atento à demanda social de razões públicas e efetivas e ter consciência de seu papel na sociedade. Nesta perspectiva, não se pode menoscabar a intrínseca relação entre a interpretação jurídica e as questões filosóficas, sob pena de se sofrer os perigosos efeitos do exercício mecânico do poder, alheio à responsabilidade social do intérprete.

Cumpre notar que a teoria de Aarnio se concentra no exame do contexto de justificação das decisões judiciais. Com sua investigação, de caráter descritivo-normativo, objetiva descobrir "como construir uma teoria justificatória da dogmática jurídica que seja adequada do ponto de vista *social*".⁴¹ Para tanto, busca saber se a interpretação das normas jurídicas pode ser considerada correta em algum sentido e se é possível falar de conhecimento (e em um método para alcançá-lo) em conexão com a interpretação jurídica.

## 2.2. O SIGNIFICADO DA JUSTIFICAÇÃO JURÍDICA NAS SOCIEDADES DEMOCRÁTICAS CONTEMPORÂNEAS

### 2.2.1. Sociedade, democracia e justificação jurídica: a importância da certeza do Direito

Ao tratar da necessidade de justificação jurídica, notadamente no que tange às decisões judiciais, Aarnio parte da clássica constatação de que, muitas vezes, exige-se do aplicador do Direito (e também do jurista) uma intensa atividade interpretativa. Isto ocorre justamente nos casos difíceis, para os quais o Direito não

---
⁴⁰ AARNIO. *Lo racional*, p. 18.
⁴¹ Idem, p. 60, nota de rodapé no. 37. ("[El problema de este estudio es] cómo construir una teoría justificatoria de la dogmática jurídica que sea adecuada desde el punto de vista *social*.") (em itálico, no original).

oferece soluções prévias ou não fornece uma resposta unívoca. Ao contrário, nestes casos, existem pelo menos duas interpretações semântica e juridicamente possíveis.[42] Todavia, apesar da ausência de respostas esquematicamente prontas, impõe-se a obrigação de decidir e, para tanto, é preciso lançar mão de uma solução discricionária.

Neste panorama, Aarnio situa o juiz, figura central em sua teoria, devido à importância social da tomada de decisão jurídica nos casos concretos e à semelhança que seu "ponto de vista" e raciocínio têm com os do cientista do Direito, do jurista, como adiante se verá.[43] Refere-se ao dilema de quem decide. Menciona especificamente o do juiz, que tem, por um lado, a obrigação de decidir (inexistência de *non liquet*) e, por outro, o poder de tomar decisões. Entretanto, consoante a ideologia jurídica baseada no conceito de Democracia ocidental amplamente difundido, nem todo uso do poder legal é aceitável. Espera-se de quem decide que, ao fazê-lo, esteja aderindo o mais possível à expectativa de certeza jurídica vigente na sociedade.

A certeza jurídica - um dos conceitos basilares na tese de Aarnio -, é, em sentido estrito, o direito básico de todo cidadão na sociedade. Significa que o indivíduo tem o direito de esperar proteção jurídica. Ou seja, é a possibilidade formal de acesso à Justiça. Em sentido amplo, porém, a expectativa de certeza jurídica caracteriza-se por dois elementos substanciais. O primeiro, pré-condição mínima para a juridicidade de uma decisão, corresponde à exigência de que se evite a arbitrariedade (o acaso, a imprevisibilidade) nas decisões, de modo que estas estejam de acordo com o direito válido (presunção de legalidade). O segundo, por seu turno, relaciona-se com a exigência de que as decisões sejam corretas, aceitáveis, isto é, devem estar de acordo com a

---

[42] AARNIO. *Lo racional, p.* 23-5, segundo também a tradicional distinção de HART.
[43] Ver item 2.3.1, deste capítulo.

moralidade válida e amplamente aceita no meio social. Pode-se concluir, portanto, que o Direito tem que ser tanto previsível quanto aceitável.[44]

Previsibilidade e aceitabilidade, como forma e conteúdo, estão entrelaçadas e devem caracterizar as decisões jurídicas nas sociedades democráticas. Vale dizer que principalmente os tribunais têm que se comportar de um modo tal que os cidadãos possam fazer um planejamento racional de sua vida e futuro - condição necessária para a manutenção do vínculo social. "Quando impera a imprevisibilidade, a sociedade se dissolve em anarquia, que, por sua vez, está contraposta a toda fundamentação justa e jurídica".[45]

A certeza jurídica não é um conceito empírico ou contingente na sociedade. É um fenômeno cultural, vinculado com a existência social em si mesma. Está vinculado com as formas de pensar vigentes na sociedade e com o conceito de Democracia, desenvolvido ao longo da história no mundo ocidental.

A expectativa social de certeza jurídica tem estreita relação com a crescente necessidade de justificação das decisões nas sociedades contemporâneas complexas. Nestas, são apresentadas ao julgador crescentes oportunidades para decidir discricionariamente. Porém, exige-se que as opções feitas sejam justificadas, através de razões públicas, não sendo suficiente o apelo formal à autoridade.

Nas sociedades democráticas, a responsabilidade do juiz transforma-se cada vez mais na responsabilidade social e moral de justificar suas decisões. Através da justificação pública, o juiz constrói a credibilidade na qual se lastreia a confiança que os cidadãos têm nele. A legitimação do juiz não advém de sua representatividade popular. Ele não é (e nem deve ser)

---

[44] AARNIO, Aulis. *Derecho, Racionalidad y Comunicación Social.* Coyoacán/México: Fontanamara, 1995, p. 19.
[45] AARNIO. *Lo racional*, p. 27. ("Cuando impera la imprevisibilidad, la sociedad se disuelve en la anarquía que, a su vez, está reñida con toda fundamentación justa y jurídica.").

eleito.[46] Ao contrário, para o correto funcionamento do sistema jurídico de uma sociedade democrática, baseado na Constituição e divisão dos poderes, devido ao cargo que ocupa e suas respectivas funções, o juiz deve estar livre de ingerências indevidas. Para isto, conferem-selhe garantias e prerrogativas constitucionais. Apesar de não ser escolhido politicamente, ele vive em sociedade e deve buscar um nível geral de aceitação social no que tange às decisões que toma. Isto só é possível através da apresentação pública das razões em que se baseia sua decisão, através da publicidade do procedimento decisório. Deste modo, asseguram-se racionalmente a realização das expectativas sociais de certeza e proteção jurídicas e a avaliação da correção da interpretação realizada.

Através da justificação aberta das decisões, legitima-se o poder exercido pelo juiz. A fundamentação (justificação) é um pré-requisito do controle das decisões nas sociedades democráticas. Num sentido amplo, a atitude social em relação à mesma reflete as crenças gerais sobre o Direito e a administração da Justiça.[47] Daí, a importância da justificação jurídica para o pensamento jurídico e a necessidade de um teoria da justificação que seja adequada do ponto de vista social, nos termos do que pretende Aarnio.

### 2.2.2. Crise do Estado e crise do Direito: desafios à certeza do Direito

O Direito é, a um só tempo, um sistema de poder e um sistema de normas (de regras). Os fatores explicativos do fenômeno jurídico (bases econômicas, ideologia,

---

[46] AARNIO. *Derecho*, p. 21. Textualmente: " La independencia y neutralidade de un juez presupone que no esté sujeto a remoción.Y más aún, un juez no debe ser elegido sobre bases políticas." ("A independência e neutralidade de um juiz pressupõe que não esteja sujeito a remoção. E mais ainda, um juiz não deve ser eleito em bases políticas".).
[47] AARNIO. *Lo racional*, p. 30.

poder da informação, etc.) são vários e mantêm uma interdependência muito complexa entre si mesmos e com o Direito, já que este não decorre unicamente de um determinado sistema de produção ou de alguma orientação ideológica. Além disto, a própria relação entre o Direito e as estruturas básicas da sociedade tem um matiz bem peculiar, vez que o sistema jurídico reinfluencia a própria existência social, porque também conforma relações sociais.[48]

As normas ou regras ordenam e conformam o comportamento social, e a obediência a elas se deve ao processo de socialização e internalização de seus conteúdos. Como estes são veiculados através da linguagem, sempre pode haver dúvidas quanto ao seu efetivo significado. Esta incerteza inerente aos conteúdos do sistema jurídico é um problema permanente, que se deve à involuntária ambigüidade semântica dos textos legais.[49] Contudo, nos casos particulares em que se manifesta, ela deve ser eliminada para se evitar o caos social. Em conseqüência, surge a necessidade de interpretar o Direito e, com ela, possibilita-se a discricionariedade do intérprete, ao mesmo tempo em que se exige que dois objetivos contrapostos sejam equilibrados: de um lado, o respeito à estabilidade do sistema jurídico, que está relacionado com a própria continuidade deste, com a expectativa social de certeza jurídica e a igualdade formal entre as pessoas. E, de outro, a busca da flexibilidade, requerida pelas constantes mudanças sociais advindas da transformação da tecnologia e das relações humanas.

Tudo isto coloca em contínua tensão as normas e a realidade social, com o que uma atitude legalista estrita é oposta a uma orientação antilegalista na interpretação

---

[48] AARNIO. *Lo racional*, p. 30-1.
[49] Aarnio se refere ao problema das lacunas do Direito, aludindo também à abertura semântica não intencional da linguagem jurídica, em comparação à da literatura, propositalmente utilizada para alcançar qualidades estéticas. Ver seu artigo "Sobre la ambigüedad semántica en la interpretación jurídica". In: AARNIO. *Derecho*, p. 23-33.

jurídica, à qual compete a tarefa de superar este conflito, através da investigação e da criação do Direito.

Aarnio explica que, em termos de teoria do Estado, a estabilidade se refere aos ideais tradicionais do Estado de Direito, caracterizados por maior rigidez na interpretação das normas e pela previsibilidade das decisões. A flexibilidade não destrói tal concepção, mas privilegia a eqüidade, elemento usualmente incluído nos sistemas jurídicos. A valorização da eqüidade (razoabilidade ou justiça), marcada por normas flexíveis, cláusulas gerais e conceitos indeterminados, acaba por gerar um paradoxo, exatamente ao se contrapor à tradicional generalidade da lei. Este fenômeno se relaciona também com a propagação do modelo do Estado de Bem-Estar Social, cujos objetivos correspondem à concretização do tratamento eqüitativo e da igualdade material entre as pessoas.

Para a maximização da certeza jurídica, passa-se a exigir que a interpretação do Direito conte com aceitação geral. Estabilidade e flexibilidade devem ser equilibradas, para que as expectativas em relação ao Direito sejam satisfeitas, concretizando-se o Estado Constitucional.

Este, porém, sofre os efeitos das transformações perversas que vêm abalando suas bases, notadamente o equilíbrio entre os poderes estatais, cuja separação é, em grande medida, o sustentáculo das sociedades democráticas fundadas na Constituição. A constante promulgação de legislações genéricas desloca o acento do poder dos corpos políticos (legislativos e executivos) para os aplicadores do Direito (juízes e funcionários), comprometendo o equilíbrio do sistema democrático-representativo. O agigantamento (mundial) do Estado é representado pela intensa e indevida atividade legiferante do Executivo, cuja estrutura hipertrofiada é o resultado do modelo tecnoburocrático. Neste, somente os especialistas podem de fato tomar as decisões e verificar sua correção, apropriando-se assim de significativa parcela do poder político. Paradoxalmente, a tecnologia e a massificação da informação geram maior alienação, o que se agrega ainda à perda de qualidade na educação. O ser humano perde sua individualidade; sua identificação é feita em função do grupo. A sociedade se torna mais corporativista. Os grupos de interesse dominantes (*lobbies*) exercem intenso poder paralelo ao oficial, no qual despudoradamente interferem, obtendo vantagens disfarçadas sob a forma de programas sociais e medidas emergenciais. Legisladores e até o Judiciário são pressionados, porque tais medidas lhes são apresentadas como imprescindíveis para o desenvolvimento social. As decisões são tomadas realmente a portas fechadas, e costumam apresentar justificativas de fachada. Não há publicidade nem consenso real; o caráter democrático do processo é ficto. O exercício do poder não se submete a um controle efetivo. Diante disto e face à alienação e à manipulação geral do povo, confere-se ao sistema uma mera aceitação formal e geral, respaldada tão-somente pelo cumprimento das formas legais.

Tal estado de coisas não é absoluto. Às vezes, fatores diversos (funcionamento defeituoso das estruturas do sistema face às demandas sociais crescentes, choques de interesses, escândalos políticos ou financeiros, reação de grupos de oposição...) abalam a lealdade formal ao sistema. A natural consciência moral das pessoas e as normas de integração social que dificultam o desvirtuamento total do sentido do vínculo social provocam crises, que afetam o sistema, sua legitimidade e preponderância.[50]

O Direito, como subsistema social autônomo,[51] reflete estas distorções e é abalado por três crises específicas.

---

[50] AARNIO. *Lo racional*, p. 40. Neste trecho, o autor vale-se das idéias de HABERMAS acerca da reação do "mundo da vida" diante da colonização pelo sistema, como forma de descrever (ilustrar) a crise do Estado contemporâneo a que se refere.
[51] Idem, p. 40-1.

A primeira é a crise de racionalidade interna do Direito. A desmesurada atividade legiferante, característica das Democracias atuais, produz, paradoxalmente, uma legislação muito aberta e flexível, geralmente bastante casuística e eventualmente contraditória, ameaçando a visão geral e a coerência interna do todo sistêmico que é o Direito.

A segunda crise refere-se à racionalidade objetiva do Direito, abalada pelo fato de os meios de regulação terem ultrapassado em demasia os limites objetivamente aceitáveis e talvez até necessários. Com isto, surge um círculo vicioso, que impõe a criação de nova regulação destinada a informar sobre a já existente e, por outro lado, a criar estruturas de controle do cumprimento da regulação anterior, e assim sucessivamente. Legisla-se indiscriminadamente para todo e qualquer problema, o que diminui a discricionariedade de quem decide e debilita a própria capacidade de decisão.

E a terceira é a crise de legitimidade (leia-se: autorização) do Direito. Entende-se que as normas jurídicas estão socialmente autorizadas, se seus destinatários podem aceitá-las. Legitimidade se identifica com aceitabilidade e assume especial relevância em relação ao funcionamento do sistema jurídico, principalmente no que toca ao exercício da jurisdição. Se as decisões jurídicas não são bem aceitas pelos cidadãos a que se dirigem em última instância, o equilíbrio da ordem jurídica e a manutenção da credibilidade das esferas decisórias ficam sensivelmente prejudicados.

Em razão destas crises, intensifica-se a necessidade da justificação expressa das decisões jurídicas, de modo a se demonstrar sua racionalidade e permitir o controle público de sua correção e legitimidade. Isto interessa a uma sociedade em que o sistema jurídico deve responder às idéias gerais sobre o certo e o errado - uma sociedade democrática -, cujo objetivo é maximizar a certeza do Direito. Somente "sob tais circunstâncias pode-se garantir a aplicação do direito que caracteriza o sistema social democrático. Quando se torna impossível o controle interno, a crise de legitimidade faz perigar o direito",[52] ameaçando a própria existência social.

## 2.3. O ENFOQUE TEÓRICO DE AARNIO NO ESTUDO DA JUSTIFICAÇÃO JURÍDICA

### 2.3.1. O "ponto de vista" da interpretação jurídica

Para investigar a racionalidade da justificação jurídica, inspirando-se no pensamento analítico-hermenêutico de Hart, Aarnio parte da noção de "ponto de vista". Coerentemente com seu interesse primordial, analisa precipuamente o ponto de vista do juiz. Este, como operador jurídico que participa direta e relevantemente do funcionamento do sistema, possui o ponto de vista funcionalmente interno. Apesar disto, pode ser comparado ao cientista, ao jurista, que, embora se encontre fora do sistema oficial, ao interpretar o Direito, tem que proceder "como se fosse o juiz" e não como mero observador externo, pois a sociedade espera que o jurista forneça os esquemas para a decisão correta.

A diferença fundamental se relaciona com a função social de cada um destes personagens, já que o juiz detém a visão do ator (participante): deve aplicar o Direito aos casos concretos que lhe são submetidos e tem que se sentir obrigado pelo Direito que aplica, pois trabalha dentro do sistema oficial. O jurista, por sua vez, preocupa-se com a sistematização das normas jurídicas e as examina de fora, mas deve desenvolver um raciocínio essencialmente similar ao do juiz Pode-se dizer, contudo, que ambos têm pontos de vista epistemologicamente internos, no que se refere à estrutura da justifi-

---
[52] AARNIO. *Lo racional*, p. 43.("bajo tales circunstancias puede garantizarse la aplicación del derecho que caracteriza al sistema social democrático. Cuando se vuelve impossible el control interno, la crisis de legitimidad hace peligrar el derecho.").

cação na interpretação jurídica. O interesse deles se centra no conhecimento da estrutura interna do sistema jurídico, ou seja, nas normas jurídicas, sua interpretação e sistematização. Preocupam-se com as conexões sistemáticas. O interesse interpretativo de ambos volta-se para a enunciação de um conteúdo de significado válido de uma norma jurídica. Trata-se, por conseguinte, de um ponto de vista genuinamente interno, o qual exige, segundo Katya Kozicki, "um elemento cognitivo (atitude reflexiva) e um elemento volitivo (atitude crítica). O elemento cognitivo manifesta-se na descoberta da correlação entre certos atos (e suas conseqüências) e o conteúdo da regra de conduta. Esta correlação dá origem a padrões de conduta em consonância com a norma. Já o elemento volitivo refere-se ao desejo ou preferência que este padrão mantenha, para o sujeito que formula o enunciado e para os outros".[53] E explica ainda ser o ponto de vista interno "um reflexo da maneira pela qual o grupo encara o seu comportamento de acordo com as normas, utilizando-se delas como base para a sua conduta social. Ao mesmo tempo, deste ponto de vista, justifica-se a hostilidade para com aqueles que violam as normas do grupo. O formulador deste raciocínio age de acordo com as regras e as aceita como tal, esperando que os outros ajam da mesma forma".[54]

Por outro lado, segundo Aarnio, a dogmática jurídica - o meio ambiente do jurista, se aproxima mais das ciências humanas em geral do que das ciências sociais empíricas. Estas costumam se interessar apenas pelas regularidades estatísticas dos comportamentos, observando, por exemplo, quantas vezes, em determinadas circunstâncias, uma norma jurídica é aplicada, sem ter, contudo, qualquer interesse pelas conexões sistêmicas entre as normas. Seu objeto de estudo é examinado de

---

[53] KOZICKI, Katya. *H.L.A.Hart: A hermenêutica como via de acesso para um significação interdisciplinar do direito*. Florianópolis. Dissertação (Mestrado em Filosofia do Direito e da Política) - Curso de Pós-Graduação em Direito, Universidade Federal de Santa Catarina, 1993, p. 59.
[54] Idem, p. 59.

uma perspectiva tipicamente externa, completamente alheia ao sistema jurídico, tal como é feito pela Sociologia Jurídica de caráter meramente descritivo. Trata-se, portanto, do ponto de vista externo que não pode reproduzir, como explica Hart, "o modo pelo qual as regras funcionam como regras relativamente às vidas daqueles que são normalmente a maioria da sociedade. Estes são os funcionários, os juristas ou as pessoas particulares que as usam, em situações sucessivas, como guias de conduta da vida social (...)".[55]

Diante disto, entende-se porque a dogmática jurídica possui maior afinidade com as ciências humanas, sobretudo as ciências hermenêuticas. Em se tratando de investigação da sociedade e do Direito (ordem composta de regras), não se consegue compreender o objeto investigado, se se prescinde da assunção de um ponto de vista tipicamente interno, pois o observador tem que, no mínimo, entender o que significa a atividade por ele estudada. Isto é: do ponto de vista do Direito, o "cientista" deve poder compreender o funcionamento do sistema jurídico e conhecer as normas jurídicas. Estas constituem a base de motivação dos que estão dentro do sistema jurídico, fazendo-o funcionar, e, por outro lado, oferecem um marco para a compreensão dos que o observam de fora.[56] Pode-se dizer que o ponto de vista interno é o núcleo do próprio pensamento jurídico, porque representa o esquema através do qual se pode buscar a decisão ou aproximar-se dela.

### 2.3.2. O conceito de dogmática jurídica

Aarnio preocupa-se em apresentar um conceito mais preciso de dogmática jurídica, porque é este que, na verdade, reflete o conteúdo do próprio ponto de vista

---
[55] HART, Herbert L.A. *O Conceito de Direito*. Lisboa: Fundação Calouste Gulbenkian, s/d, p. 100. (Trad. A. Ribeiro Mendes).
[56] AARNIO. *Derecho*, p. 15.

epistemologicamente interno e, portanto, o próprio comportamento dos julgadores. Transportando e adaptando para o Direito a noção de paradigma científico de Kuhn, isto é, as idéias básicas que são aceitas pelos representantes de determinada ciência, de forma a permitir que haja algum consenso sobre o que é a própria ciência (ou uma ciência em particular), Aarnio considera que a matriz disciplinar da dogmática jurídica é composta por quatro elementos fundamentais, vez que "está sempre ligada - ao menos num certo grau - a suposições básicas jurídico-positivistas, toma como ponto de partida uma certa lista de fontes do direito, depende de certas regras e princípios metodológicos e, em certas situações, toma decisões baseadas em valores".[57]

Como entre estes quatro fatores encontram-se os valores, Aarnio constata que a aplicação do Direito e da dogmática jurídica utiliza conceitos de valor como base da interpretação, ou se refere indiretamente a valorações na justificação. Diante disto, tenciona demonstrar o que está oculto na estrutura justificatória dos pontos de vista interpretativos da dogmática jurídica, ou seja, o que está oculto no ponto de vista epistemologicamente interno. Tal análise permite verificar em que medida é possível exercer um controle democrático sobre o exercício do poder inerente à aplicação (interpretação) do Direito nas sociedades contemporâneas, garantindo sua racionalidade intersubjetiva.

### 2.3.3. O contexto de justificação

Por entender que uma simples descrição heurística do processo psicológico do intérprete ou uma explicação causal da interpretação efetuada ou de sua motiva-

---

[57] AARNIO. *Lo racional*, p. 54. ("[La dogmática jurídica] está ligada siempre - al menos en un cierto grado - a suposiciones básicas jurídico-positivistas, toma como punto de partida una cierta lista de fuentes del derecho, depende de ciertas reglas y principios metodológicos y, en ciertas situaciones, toma decisiones basadas en valores.").

ção - pertencentes ao chamado contexto de descobrimento -, não propiciam qualquer informação confiável para o controle e exame da correção da interpretação jurídica, Aarnio concentra-se no contexto de justificação das interpretações (decisões) jurídicas. Analisa-o sob um ângulo normativo. Mas, segundo ele, seu enfoque é debilmente normativo, já que sua intenção não é definir o conceito de interpretação correta no Direito, mas investigar os requisitos da intepretação jurídica no marco das sociedades democráticas atuais.

Diante disto, "as funções de um estudo teórico incluem a dilucidação daquilo *que se exige da justificação na dogmática jurídica para que possa satisfazer as condições de racionalidade e aceitabilidade*".[58] Não se pode estudar apenas como é feita a justificação na prática, seja para descrevê-la, seja para explicá-la. É preciso investigar como se deve interpretar para que se satisfaça, ao máximo possível, a expectativa social de certeza jurídica. O importante é que a teoria da justificação da dogmática jurídica seja adequada do ponto de vista social, sob pena de total alheamento entre teoria e prática. Mas, ressalve-se: não há uma fórmula para se chegar a uma única resposta correta na interpretação jurídica.

### 2.3.4. Questões filosóficas subjacentes à justificação jurídica

Aarnio salienta que, devido à íntima relação da teoria da justificação com questões típicas da Teoria e da Filosofia do Direito, a justificação jurídica deve ser analisada através de um esquema tripartite, que engloba categorias básicas que também interessam àquelas disciplinas, a saber: a ontologia, a epistemologia e a metodologia.

---

[58] AARNIO. *Lo racional*, p. 58. ("las funciones de un estudio teórico incluyen la dilucidación de *qué se requiere de la justificación en la dogmática jurídica para que pueda satisfacer las condiciones de racionalidad y aceptabilidad.*").

Do ponto de vista ontológico, deve-se assentar o que se supõe que existe, a fim de ser possível uma interpretação na dogmática jurídica. Diante da ontologia escolhida, pode-se adotar uma posição sobre a natureza e possibilidade do conhecimento na dogmática jurídica - que nada mais é do que a questão epistemológica da interpretação do Direito. Finalmente, é necessário saber como se pode obter informação na dogmática jurídica, isto é, que métodos devem para tanto ser utilizados.

Verifica-se, pois, que a ontologia do Direito, a natureza do conhecimento da dogmática jurídica e sua metodologia apresentam necessárias e recíprocas conexões internas. E, como a Filosofia do Direito se ocupa da questão da verdade, pode-se encontrar também, na teoria da justificação da dogmática jurídica, idêntica preocupação, causada pela expectativa social de certeza jurídica e pela exigência de que os conflitos sejam corretamente resolvidos. Isto significa que se espera que as interpretações sejam conforme ao Direito. Surge, portanto, a questão da verdade ou correção da interpretação adotada e o interesse da teoria da justificação da dogmática jurídica pelo conceito e critérios de verdade.

Esta problemática pode ser resumida na seguinte indagação: é uma certa decisão ou interpretação jurídica a (única) correta do ponto de vista de seu conteúdo? Para Aarnio, a resposta é negativa, pois, no que diz com o resultado da interpretação do Direito, em vez de verdade, só se obtém a aceitabilidade racional. Esta, por seu turno, está vinculada à apresentação de posições ou crenças acerca do conteúdo da ordem jurídica, que serão mais ou menos justificadas e se sustentarão em diferentes níveis de certeza. Conclui-se, pois, que não existe conhecimento em conexão com o conteúdo do Direito válido em casos de discricionariedade. Todavia, metodologicamente, deve haver um procedimento que permita chegar a estas crenças justificadas sobre o conteúdo das normas jurídicas, de modo a se atingir a pretendida aceitabilidade racional, observando-se as expectativas sociais dominantes, sobretudo a de certeza jurídica.

Trata-se, neste caso, de desenvolver um procedimento racional de decisão e justificação na dogmática jurídica, como será adiante apresentado.[59] Exposto o enfoque teórico utilizado por Aarnio no desenvolvimento de sua tese central, passa-se à apresentação sintética das questões ontológicas e metodológicas acima mencionadas.

## 2.4. A ONTOLOGIA DO DIREITO

### 2.4.1. Os jogos de linguagem e a ontologia jurídica

Na esteira de sua formação hermenêutico-analítica e de seu interesse em compreender as diferentes formas pelas quais o mundo se constitui através da linguagem, Aarnio se apóia no "último" Wittgenstein.

Para Wittgenstein, o significado de uma expressão lingüística só pode ser encontrado no seu uso, dentro de circunstâncias próprias de uma comunidade humana, em que estão entrelaçadas várias atividades, operações simbólicas e também aplicações da linguagem - os jogos de linguagem -, orientados por regras, e que se caracterizam como costumes, usos, instituições.[60]

---

[59] Ver item 3.2.1. do capítulo terceiro.

[60] O vínculo entre linguagem e ação, que possibilita a interação humana, e a noção de jogos de linguagem podem ser encontrados em diversas passagens da obra "Investigações Filosóficas", de Ludwig WITTGENSTEIN, tais como nos §§ 19 e 23 (p. 183 e 189, respectivamente). E ainda: "Chamarei também ao todo formado pela linguagem com as actividades com as quais ela está entrelaçada o 'jogo de linguagem'". In: WITTGENSTEIN, Ludwig. *Investigações Filosóficas*. 2. ed. Lisboa: Fundação Calouste Gulbenkian, 1995, p. 177. (Trad. M. S. Lourenço). Segundo Aldo Gargani, o jogo de linguagem é o esquema metodológico fundamental de Wittgenstein, é "o conceito de modelos do uso lingüístico entre os seus diferentes ou alternativas, sujeitadas a regras. A linguagem é um jogo, como é um jogo qualquer atividade social sujeita a regras."In: GARGANI, Aldo G. *Wittgenstein*. Lisboa: Edições 70, 1973, p. 75. (Trad. Carmen Carvalho).Ver também item 3.2.1.2, do capítulo terceiro.

A base da linguagem humana é ação e está no próprio meio social; advém da forma de vida, pois "é na *linguagem* que as pessoas concordam. Não se trata de uma concordância de opiniões, mas de formas de vida".[61] Quando atos primitivos pertencentes a uma forma de vida têm suficientes pontos em comum, desenvolve-se um fundamento comum para a compreensão. Aqueles que compartilham uma forma de vida podem comunicar-se entre si. Portanto, o significado atribuído a uma expressão é obtido "através" da forma de vida, sendo desnecessário referir-se à existência pura de algo, pois tal uso da linguagem não encontra respaldo na prática da vida cotidiana.[62]

Também a ontologia da interpretação na dogmática jurídica deve ser compreendida dentro do esquema de uma linguagem jurídica real, em que a mesma obtenha sentido e seja compartilhada pelos indivíduos.

Recorrendo à noção wittgensteiniana de jogos de linguagem e fiel à tradição analítica, Aarnio pretende analisar a existência do Direito, sem a influência de qualquer metafísica gratuita. Parte do elemento mínimo de que o Direito se constitui: a norma jurídica. Esta veicula lingüisticamente pensamentos humanos e pode ser materializada de distintas formas (texto legal, precedente judicial, decisão administrativa). Mas ela só pode ser compreendida nos contextos de sua utilização. A expressão "existência de uma norma jurídica" somente obtém seu significado nos jogos de linguagem "jogados" nos contextos jurídicos.

Verificando-se os jogos de linguagem jurídicos, descobre-se que o efetivo sentido da expressão "uma norma existe juridicamente" somente é encontrado quando a norma pertence a uma determinada ordem jurídica, ou seja, quando é válida em determinado espaço geográfico e durante certo tempo.

---
[61] WITTGENSTEIN. *Investigações*, p. 334.
[62] AARNIO. *Lo racional*, p. 69.

Chega-se, portanto, a um conceito central: o de validade, que desempenha papel-chave na ontologia jurídica, independentemente da ordem jurídica que se considere. Daí, na teoria jurídica, ser cediço que a questão relativa à existência de uma norma remete à questão de sua validade. E, analisando a noção de validade a partir dos vários jogos de linguagem que lhe são subjacentes - o que se fará em seguida -, é possível resolver o problema ontológico da existência independente das normas jurídicas, sem acrescentar qualquer nova categoria ou entidade ao Direito.

### 2.4.2. A validade da norma jurídica

Para evitar a habitual e equivocada identificação conceitual entre validade e vigência do Direito, Aarnio acata a distinção feita por Jerzy Wróblewski entre as três acepções possíveis da noção de validade no Direito. Denomina-as de validade sistêmica, eficácia e aceitabilidade da norma jurídica, vinculando cada uma delas com diferentes concepções da teoria jurídica deste século.[63]

#### 2.4.2.1. Validade sistêmica

Validade sistêmica de uma norma jurídica é sua validade formal. Verifica-se quando a norma satisfaz quatro condições, a saber: ter sido aceita e promulgada segundo o procedimento devido; não ter sido derrogada; não contradizer outra norma vigente do mesmo sistema; e, se houver contradição, existir uma regra aceita para solucionar o conflito. Pode ser interna - que é a referida à validade dentro do sistema jurídico e a que normalmente interessa à prática forense cotidiana -, e, externa, ou seja, aquela que diz com a validade do próprio sistema.

[63] AARNIO. Lo racional, p. 71.

Restringir a validade do Direito somente à validade sistêmica é característica de uma teoria jurídica positivista como a de Hans Kelsen, que considera apenas a estrutura formal interna do Direito e prescinde de critérios externos para embasar a ordem jurídica, *pressupondo* a existência e aceitação de um fundamento último. A concepção kelseniana não dá conta da necessidade social de que o próprio sistema normativo seja legitimado como ordem jurídica, de maneira efetiva, e não meramente pressuposta.

Para enfrentar esta exigência, Aarnio divide o conceito de validade formal de uma norma jurídica em duas vertentes. Primeiramente, no sentido sistêmico interno, que se subdivide: a) em sentido estrito: relacionado com a possibilidade de uma norma jurídica ser derivada, através de uma transformação interna, de uma norma formalmente válida, ou seja, de uma norma baixada de acordo com a Constituição; e, b) em sentido amplo: relacionada com a possibilidade de a validade jurídica da Constituição ser justificada através de uma norma fundamental do tipo "G1", na terminologia de Alecsander PeczeniK, que representa a formulação mais elementar da norma fundamental de Kelsen, isto é: "a Constituição deve ser obedecida".[64]

Já no sentido sistêmico externo, o sistema normativo baseado na norma fundamental G1 é juridicamente válido: a) formalmente: se existem razões de sustentação, fatos sociais e critérios morais (o que significa que G1 é justificado por uma norma G1'); e, b) materialmente: se um sistema normativo especial pode ser legitimado por meio de certas razões de sustentação identificadas, por fatos sociais e critérios morais (de modo a apresentar um conteúdo moral mínimo, assim como defendido por Hart).

Consoante estes critérios, segundo Aarnio, a ordem jurídica nazista de Hitler pode ser considerada válida

---

[64] AARNIO. *Lo racional*, p. 75-6.

tanto no sentido sistêmico interno como do ponto de vista formal externo. Porém, não tem validade material, no sentido sistêmico externo.

Portanto, do ponto de vista social, na interpretação jurídica, o importante é a justificação externa da solução adotada.

#### 2.4.2.2. Eficácia da norma jurídica

O segundo sentido da expressão validade de uma norma é o que se refere à sua *eficácia* real ou validade fática.

Validade fática é uma expressão largamente utilizada e aceita. No entanto, pode ser entendida de diferentes maneiras, tais como regularidades de comportamento dos cidadãos e aplicação das normas jurídicas pelas autoridades.

Aarnio identifica esta concepção da validade com o chamado realismo jurídico, do qual se destacam as idéias de Alf Ross. Para este, uma norma jurídica é válida, quando se encontra na ideologia normativa experimentada como vinculante pelas autoridades que decidem e aplicam o Direito. Examinando-se o comportamento real das autoridades (sobretudo, a aplicação do Direito pelos tribunais), pode-se verificar a validade (eficácia) de uma norma jurídica e conhecer empiricamente o Direito. Assim, à dogmática jurídica compete fazer *predições* sobre o comportamento (decisões) das autoridades (juízes e tribunais).

Esta concepção reduz o Direito ao seu aspecto fático equivocadamente. O Direito é algo mais do que meras predições acerca de como vão se comportar os juízes e tribunais, até porque estes, ao decidir e enquanto decidem, não podem apenas dizer o que farão, pois já estão fazendo e devem conhecer o Direito que os obriga ou não. E, ao aplicar o Direito, ainda que recorram a precedentes judiciais, fazem-no dentro do marco geral da interpretação jurídica, que depende da observância às fontes do Direito e às regras de interpretação estabelecidas, como adiante será explicado.[65]

### 2.4.2.3. Aceitabilidade da norma jurídica

O terceiro sentido da validade é o axiológico, que costuma ser vinculado ao Direito Natural. Neste caso, valores como a justiça deixam de ser simplesmente a "pauta" de uma ordem jurídica positiva para se tornar a base que a esta confere sua validade última. Desta forma, o Direito Natural se sobrepõe ao Direito positivo e constitui o fundamento de sua vigência.

Para Aarnio, não obstante "o critério material externo da validade, não há critérios juridicamente relevantes fora do direito positivo que outorguem legitimidade à ordem jurídica enquanto tal ou às normas individuais que pertencem a esta ordem".[66] Contudo, diferentes tipos de critérios axiológicos desempenham um papel importante e, às vezes, decisivo, na dogmática jurídica e na jurisprudência. Isto pode ser claramente constatado quando uma norma, apesar de formal e juridicamente válida, habitualmente não é aplicada em determinada sociedade, porque não atende ao sistema de valores genericamente aceito. Portanto, nem todas as normas jurídicas formalmente válidas possuem uma garantia de aceitabilidade axiológica.

Por outro lado, uma norma válida e eficaz pode, assim como a ineficaz, desatender ao sistema de valores considerado relevante. Isto significa que o conceito de validade jurídica está estreitamente relacionado com o conceito de certeza jurídica, o qual, em relação às decisões jurídicas, exige previsibilidade, racionalidade e razoabilidade. Convém destacar que as duas primeiras exigências estão bastante ligadas, pois todo procedimento

---
[65] Ver item 2.5.2.2, deste capítulo, sobre a obrigatoriedade de utilização de (pelo menos uma) fontes do Direito na interpretação jurídica.
[66] AARNIO. Lo racional, p. 83. ("[No obstante], el criterio material externo de la validez, no hay criterios jurídicamente relevantes fuera del derecho positivo que otorguen legitimidad al orden jurídico en tanto tal o a las normas individuales que pertenecen a este orden.").

racionalmente desenvolvido leva a decisões previsíveis, como adiante será esclarecido. Já a razoabilidade das decisões se refere à correção dos resultados e é justamente neste aspecto que se sobressai a validade axiológica do Direito. Do ponto de vista da justificação jurídica, a validade axiológica é a mais significativa. Diz respeito aos aspectos "extrajurídicos" da interpretação, e, dentre eles, a um certo código de valores. E como podem coexistir, numa sociedade, diferentes códigos axiológicos, é a validade axiológica que explicita o caráter relativo das interpretações e permite compreender porque não há uma única resposta correta no Direito. Em seguida, será abordada a questão metodológica da interpretação no Direito.

## 2.5. A METODOLOGIA DA INTERPRETAÇÃO NA DOGMÁTICA JURÍDICA

### 2.5.1. Conceitos gerais

Na moderna discussão jurídico-metodológica, o paralelo entre Direito e linguagem é recorrente. De fato, como bem salienta Aarnio, o Direito é linguagem, e a própria investigação jurídica é realizada por meio da linguagem. Partindo-se desta premissa fundamental, verifica-se que o pensamento jurídico possui vínculos estreitos com o que se tem chamado de hermenêutica, ou seja, a compreensão do comportamento lingüístico dos homens.

No Direito, o comportamento linguístico humano é expressado através das normas jurídicas. E para que estas possam ser efetivamente aplicadas, devem ter seu conteúdo esclarecido pela dogmática jurídica. A esta compete determinar o sentido das normas jurídicas, interpretá-las e sistematizá-las. Cabe-lhe selecionar, dentre as alternativas normativas, a que está "de acordo com a ordem jurídica".

Apesar das várias possíveis classificações das normas jurídicas - tais como primárias e secundárias, de competência e de conduta e, inclusive, a divisão revigorada por Dworkin entre regras e princípios[67] -, para não fugir ao interesse central de sua tese, Aarnio trata das normas jurídicas simplesmente como regras. Divide-as basicamente em constitutivas e regulativas, as quais se prestam para esclarecer melhor o problema das interpretações alternativas e da eleição entre regras. Estas regras podem ser definidas através da clássica comparação entre o Direito e o xadrez. As regras constitutivas criam, estabelecem ou extinguem categorias fundamentais para a existência do Direito (as instituições jurídicas), a exemplo das regras que estabelecem as peças que compõem o jogo de xadrez. Já as regras regulativas se referem aos "movimentos" que caracterizam o Direito enquanto tal: estabelecem o que é permitido, proibido ou obrigatório no jogo jurídico.

Pode-se concluir, portanto, que somente as regras oferecem um esquema confiável de interpretação, porque modelam o jogo e definem seus movimentos, tornando-o compreensível para aqueles que apenas o observam de fora.

No Direito, as normas jurídicas desempenham exatamente esta função. De um lado, motivam aqueles que fazem funcionar o sistema jurídico. De outro, oferecem um marco para a compreensão dos que o observam externamente. Neste ponto, a relação entre Direito e linguagem alcança especial relevo, independentemente de ser a questão considerada do ponto de vista interno ou externo.[68] É que, para se entender corretamente as regras (inclusive as jurídicas), é preciso entender previamente o significado das expressões lingüísticas, pois somente assim será possível a compreensão do próprio

---
[67] AARNIO. *Lo racional*, p. 111.
[68] AARNIO. *Derecho*, p. 14-5.

comportamento humano. Trata-se de um entendimento dual: para se entender a ação, deve-se entender a linguagem.[69] A base para a compreensão da linguagem jurídica é a mesma da linguagem em geral. Lingüisticamente, o Direito não pode se distinguir da literatura, por exemplo. Tal característica é decisiva para a análise da interpretação jurídica, sobretudo sob a ótica da moderna Teoria da Argumentação Jurídica. Cumpre ainda mencionar que, dentre os enunciados lingüísticos utilizados na interpretação jurídica, destacam-se os enunciados normativos, aqueles que dizem algo sobre o conteúdo de uma norma jurídica. Consistem em proposições normativas (enunciados empíricos de tipo teórico acerca do conteúdo de uma norma jurídica), pontos de vista normativos (enunciados relativos à aceitabilidade racional de uma norma válida), normas técnicas ou meras recomendações sobre a validade de uma norma.[70]

Qualquer um destes tipos de enunciados representa diferentes jogos de linguagem e pode ser usado na dogmática jurídica. Entretanto, os pontos de vista normativos correspondem à espécie mais claramente utilizada na aplicação do Direito pelo juiz e pelo jurista. Estes últimos têm que fazer uma eleição entre as alternativas de interpretação possíveis, através da qual expressam sua opinião acerca da resposta que consideram "correta", baseados em juízos de valor. Isto deve ser feito fundamentadamente, ou seja, através da apresenta-

---

[69] AARNIO. *Derecho*, p. 15. Aarnio se baseia na idéia de WITTGENSTEIN, que, segundo Aldo Gargani, concebe a regra como "o próprio procedimento operactivo que constitui a uniformidade de uma maneira de viver humana, de um sistema de comportamentos." In: GARGANI, Aldo. *Wittgenstein*, p. 92. Também são esclarecedoras as seguintes passagens do pensamento de Wittgenstein, sobretudo no que tange à institucionalização social e adestramento das pessoas em relação às regras: "'seguir a regra' é uma praxis (...) é análogo a obedecer uma ordem. É-se para isso adestrado e reage-se de uma determinada maneira (...) As formas de ação que os homens têm em comum são o sistema de referência por meio do qual interpretamos uma língua diferente da nossa." In: WITTGENSTEIN. *Investigações*, p. 322-3.
[70] AARNIO. *Lo racional*, p. 93-9.

ção das razões que justificam o ponto de vista escolhido. Os pontos de vista normativos servem, pois, como exemplo para esclarecer o conteúdo e o papel da aceitabilidade racional na justificação jurídica.

Deve-se também distinguir entre um enunciado de significado e um enunciado de interpretação. O primeiro, também chamado de enunciado semântico, refere-se aos conteúdos de significado de uma expressão lingüística, seja ao conteúdo inequívoco de outra expressão lingüística, norma ou oração, seja aos conteúdos alternativos de uma expressão. O segundo, por sua vez, voltase ao esclarecimento do significado da expressão ou assunto, objeto da atenção do intérprete, delimitando as possíveis alternativas ou aquelas que interessam; e é exatamente ele que se presta à análise da justificação jurídica sob a ótica de Aarnio.

Os enunciados interpretativos podem se apresentar sob a forma de definição estipulativa (na qual o significado de uma expressão lingüística depende de uma convenção); definição analítica "pura" (na qual o significado de uma certa expressão jurídica é analisado através do uso de outras expressões jurídicas de maneira tal que as intenções das expressões sejam iguais); definição não-analítica e não-estipulativa (descritiva, informa que a extensão de certa expressão é idêntica à de outra); definição analítica não-descritiva (nem normativa, nem simplesmente estipulativa; é um ponto de vista justificado ou justificável sobre o Direito).[71]

Na interpretação jurídica, devem predominar as definições não-descritivas. Explica-se: como a interpretação é um assunto lingüístico, o esclarecimento de um significado se realiza através de outras expressões lingüísticas. Assim, como um ponto de vista interpretativo sempre se refere à relação entre expressões lingüísticas, pode ser chamado de analítico. No Direito, o ponto de vista apresenta o conteúdo da norma jurídica (ou do texto legal). Neste caso, a definição dada por um ponto

[71] AARNIO. Lo racional, p. 101-4.

de vista interpretativo possui uma justificação consistente em proposições fáticas e valorações; é analítica, mas não simplesmente descritiva, informativa.

Na interpretação da dogmática jurídica, como mencionado, busca-se determinar o conteúdo de uma norma jurídica (ou texto legal). Em uma situação de incerteza, quando se escolhe um significado alternativo como correto, formula-se um enunciado interpretativo. Se a ele se agregam juízos de valor, tem-se um ponto de vista interpretativo. Este, por sua vez, pode se converter em um ponto de vista normativo, isto é, um ponto de vista acerca de qual conteúdo de uma norma é parte do sistema jurídico válido.[72]

Constata-se que o ponto de vista interpretativo e o ponto de vista normativo são duas maneiras de se falar do conteúdo da ordem jurídica. Toda interpretação jurídica, para ser racional e aceitável, deve ser justificada por meio de razões relativas ao Direito válido, requerendo pontos de vista normativos.

### 2.5.2. Caracterização geral da interpretação e da teoria da interpretação

*2.5.2.1. A interpretação como processo hermenêutico*

Tarefa central da dogmática jurídica é a justificação de pontos de vista normativos, ou seja, é explicitar porque é racional e razoável aceitar uma determinada norma jurídica como parte de determinado ordenamento jurídico válido.

Do ponto de vista do processo interpretativo, porém, o interesse se volta ao modo pelo qual se produz uma interpretação justificada de um conteúdo de significado racional e aceitável. Objetiva-se descobrir como se pode conferir credibilidade à interpretação que sustenta que um certo significado está racionalmente justi-

---
[72] AARNIO. *Lo racional*, p. 104-5.

ficado e é correto. Tais dúvidas podem ser bem enfrentadas com o recurso ao chamado enfoque hermenêutico.

A interpretação como questão lingüística é tipicamente hermenêutica: é um fenômeno da esfera da hermenêutica de textos, da teoria geral das condições filosóficas da atribuição de sentido.

Partindo-se das idéias básicas da filosofia hermenêutica - tais como pré-compreensão (parcela de significado entendida previamente) e compreensão baseada na relação entre o todo e a parte e na intelecção de novas conexões de significado (cada estrato, cada parte está conectada com o todo ao qual se refere, mas não com base num conjunto fechado de regras de procedimento, já que não se trata de uma atividade dedutiva)-, pode-se compreender a interpretação na dogmática jurídica. Esta consiste na conexão não dedutiva, mas plausível, de expressões que têm sentido só quando se encontram em relação com outras. Cria-se, assim, o círculo hermenêutico.[73] O intérprete torna-se dependente da linguagem, preso a ela, já que as palavras são interpretadas por outras palavras... Na expressão de Aarnio, o "único refúgio é a linguagem".[74]

Para romper o círculo hermenêutico, é preciso que o receptor da interpretação realizada tenha um entendimento idêntico ao do intérprete. Isto significa que uma interpretação correta é aquela que é compreensível para a pessoa a quem o intérprete se dirige. Quando a interpretação se torna aceitável na comunidade interpretativa (audiência), chega-se a uma posição bastante similar à da confirmação de uma hipótese das ciências naturais. Significa que o ponto de partida da interpretação (a convenção básica adotada pela audiência) é a hipótese que, no curso do processo hermenêutico, em parte é transformada e, em parte, é confirmada ou refutada.

---
[73] Remete-se aqui às noções expostas na síntese histórica do capítulo primeiro.
[74] AARNIO. *Lo racional*, p. 114.("[nuestro] único refugio es el lenguaje.").

Diante disto, adquire especial importância a constatação de que, na comunidade jurídica ou na sociedade em geral - a audiência da interpretação jurídica -, há convenções válidas sobre assuntos de interesse comum, sobre valores, por exemplo. E podem existir, ao mesmo tempo, várias convenções reciprocamente excludentes, sem que nenhuma delas careça de justificação. No Direito, este fato dificulta o rompimento do círculo hermenêutico pelo intérprete e ressalta a natureza social da interpretação jurídica. Também conduz a um dos problemas filosóficos mais decisivos da teoria da interpretação na dogmática jurídica: o de ser ou não possível cruzar os limites das convenções e encontrar um maior consenso. Dito de outra forma: o de se saber se há apenas um resposta correta ou uma resposta que é a mais adequada e a melhor possível em determinado contexto. Em busca de maior clareza sobre este ponto, passa-se a analisar as especificidades da interpretação no Direito.

### 2.5.2.2. *A natureza especial da interpretação na dogmática jurídica*

Além de demonstrar que a interpretação não é uma atividade dedutiva e, ao menos em parte, também não é empírica, a hermenêutica torna transparente a conexão entre interpretação e linguagem. Para o Direito, isto é muito significativo, porque revela que a interpretação na dogmática jurídica não pode ser classificada dentre as diversas ciências, apesar de estar muito mais próxima da tradição das humanidades do que daquela das ciências sociais.

Engano fatal e costumeiro é o ligado à crença de que se pode identificar claramente a interpretação na dogmática jurídica, ou seja, que existe um núcleo típico da interpretação correta. Como a linguagem jurídica apresenta uma ambigüidade semântica, geralmente não intencional, existem, em vários casos, possibilidades e significados alternativos; mas, a opção correta dentre eles não é assim tão óbvia. É na busca desta alternativa correta ou mais correta que reside, em grande medida, a singularidade do processo hermenêutico do Direito.

De salientar que a interpretação jurídica não é homogênea. Do ponto de vista lingüístico, está constituída por diversos jogos de linguagem (pontos de vista interpretativos, normas técnicas, recomendações, enunciados descritivos), que nem mesmo internamente são homogêneos, além de estarem constantemente se transformando, de forma dinâmica. Mesmo os pontos de vista interpretativos (normativos), que apontam o conteúdo do Direito válido, variam e se modificam no curso do jogo da interpretação jurídica. Esta é, pois, a soma dos diferentes jogos de linguagem que a compõem e pode haver diversas formas de se chegar à solução: partindo-se do texto legal, de um caso precedente ou dos trabalhos legislativos preparatórios, por exemplo; através da análise dos conceitos jurídicos aplicáveis ou privilegiando-se argumentos valorativos.

Do ponto de vista social, a interpretação jurídica se singulariza pelas razões nas quais se baseia ou pode se basear, isto é, pela sua justificação. A natureza última de suas razões é aquilo que os juristas costumam chamar de fontes do Direito. São as fontes de que o Direito emana. Cumprem um papel essencial na interpretação jurídica, porque, somente através de sua utilização (ao menos, de uma delas), é que se pode atribuir e reconhecer a natureza jurídica de uma interpretação. As fontes do Direito são as "cláusulas pétreas" do pensamento jurídico, pois se se perderem, este perderá o controle sobre si mesmo. Pode-se dizer que a interpretação jurídica consiste num conjunto de fontes de interpretação proibidas e permitidas (ou seja, de razões), que estão previamente estabelecidas com precisão. É justamente este traço que permite comparar a interpretação jurídica, enquanto atividade semântica, à interpretação lingüística em geral.

Aarnio se utiliza de um conceito amplo de fontes do Direito. Para ele, "toda razão que - de acordo com as regras geralmente aceitas na comunidade jurídica - pode ser usada como base justificatória da interpretação é uma fonte do Direito".[75] Ao lado das fontes do Direito, encontram-se os princípios que guiam seu uso. Eles consistem em técnicas de raciocínio e de argumentação, têm sido internalizados pela comunidade jurídica, se originam dos textos jurídicos e da prática judicial, e devem ser respeitados e observados tão eficazmente quanto possível, para que a justificação de um ponto de vista interpretativo possa ser considerada jurídica. São, portanto, métodos, *standards* da interpretação (tais como a interpretação gramatical, a extensiva, a restritiva, etc.), também chamados de diretrizes ou pautas da interpretação jurídica. Criam e determinam o marco dentro do qual as fontes devem, podem e não podem ser usadas. Se o objetivo é atingir uma justificação "ótima", devem ser seguidos.

Aarnio apresenta um catálogo de fontes do Direito, que pode ser assim sintetizado, por ordem de importância: lei; trabalhos legislativos preparatórios; costume; precedentes; princípios gerais do Direito e princípios morais (valores); doutrina; razões práticas ou argumentos reais. Cabe notar que a extensão do conceito ou rol de fontes do Direito corresponde ao tipo de atividade decisória (e, portanto, ao tipo de dogmática jurídica) que existe num determinado período, pois isto está vinculado à forma de entender o raciocínio jurídico e ao modo pelo qual se determina o que é ou não a própria dogmática jurídica. Assim, uma noção ampla de fontes do Direito é condição necessária para o tipo de teoria justificatória de Aarnio, que prioriza o aspecto social, baseia-se na idéia de audiência e critica as doutrinas da única resposta correta.[76]

---

[75] AARNIO. *Lo racional*, p. 123. ("*toda razón que - de acuerdo con las reglas generalmente aceptadas en la comunidad jurídica - puede ser usada como base justificatoria de la interpretación es una fuente del derecho.*"). (em itálico, no original).
[76] Idem, p. 134.

*A Justificação do Direito e sua Adequação Social*

Acrescente-se ainda que, segundo Aarnio, as razões de uma interpretação jurídica (as fontes do Direito e os princípios da interpretação jurídica) ocupam uma posição central no Direito, pois, para ele, interpretar o Direito não é uma questão de revelar o sentido escondido nos textos jurídicos. Ao contrário, a interpretação está sempre acompanhada de um caráter criativo, gerador. A idéia é dar sentido, e não apenas encontrá-lo. Desta forma, o ponto de partida para a formação do sentido (isto é, as razões) é obviamente fundamental e decisivo.[77] Neste passo, convém destacar o principal fator que torna peculiar a interpretação jurídica: é a expectativa social de certeza jurídica, essencialmente relacionada com a idéia de previsibilidade. No Direito, porém, o resultado da interpretação é sempre previamente ignorado. É desconhecido *ex ante*. Aarnio ilustra esta característica, comparando a interpretação jurídica à literária, através da metáfora do quebra-cabeças.[78] No quebra-cabeças jurídico, a forma final é inédita - o que deve ser entendido à luz do mencionado princípio da certeza ou segurança jurídica, base da própria coesão social. Em decorrência disto, é certo que deve haver um mínimo de previsibilidade nas decisões judiciais - aspecto formal da proteção jurídica-, e, assim, a interpretação jurídica não pode ser totalmente "inédita". Mas isto não significa que seja sempre possível prever a única resposta correta. Ao contrário, para um mesmo problema, pode haver mais de uma alternativa juridicamente bem fundamentada, lastreada nas fontes de direito reconhecidas e com observância dos princípios de interpretação vigentes na comunidade jurídica. Não se pode, portanto, predizer, prever e reconhecer a única solução correta, "a" resposta correta...

---

[77] AARNIO. *Derecho*, p. 18.
[78] Idem, p. 27. Explica que, na interpretação jurídica, é obrigatório o recurso às fontes do Direito e aos princípios de interpretação aceitos (traço de previsibilidade), o que a diferencia da interpretação literária e da interpretação de princípios morais, por exemplo.

De todo modo, como vigora, na cultura ocidental, uma presunção de racionalidade em relação ao comportamento humano em geral e, sobretudo, ao comportamento das autoridades, deve-se chegar a uma interpretação passível de aceitação pela maioria da sociedade, se a questão em foco fosse considerada racionalmente e desde que respeitadas as regras do discurso racional. Tal exigência reflete o aspecto material da expectativa social de certeza jurídica, que requer o respeito aos valores mais caros à sociedade. Vale dizer: a interpretação também deve ser aceitável do ponto de vista de seu conteúdo, o que se obtém através de um procedimento racionalmente desenvolvido.

## 2.5.2.3. Estrutura da interpretação jurídica e audiência

Aarnio considera que a justificação jurídica é um procedimento argumentativo que segue os princípios do discurso racional. Trata-se de um diálogo entre quem justifica e quem julga a validade da justificação, entre o juiz (ou o funcionário que aplica o Direito) e os destinatários da decisão (a audiência). Com isto, possibilita-se o controle público da interpretação e a adesão intersubjetiva e racional, além de se evitar a mera persuasão ou imposição pela força, o que só ocorre através de uma combinação entre os argumentos utilizados na justificação da interpretação escolhida (e, no caso do juiz, da decisão).

O ponto de partida do diálogo justificatório é um desacordo material, e não meramente lingüístico, entre os dialogantes. Um verdadeiro desacordo material se refere ao conteúdo da ordem jurídica e pode se dever a diversos fatores, todos relacionados com a natureza profunda (social) da linguagem.

Certamente, na interpretação jurídica, como na interpretação em geral, apresentam-se diversos problemas decorrentes da linguagem: vagueza, inexatidão e ambigüidade. Ao mesmo tempo, existem lacunas para preencher, contradições para eliminar e situações de abertura valorativa - defeitos próprios da linguagem e de seu uso pelos indivíduos, mas que, em sede jurídica, não podem prevalecer, pois é imperioso resolver os conflitos sociais. Sabe-se também que as expressões lingüísticas obtêm seu significado contextualmente. O contexto das normas jurídicas é sempre sistêmico e político; portanto, extralegal. Isto significa que a interpretação jurídica está vinculada, de um lado, com o sistema jurídico enquanto sistema de normas; e, de outro lado, relaciona-se com os valores sociais e culturais.

Na interpretação jurídica, o discurso justificatório deve reforçar a interpretação alternativa escolhida através de uma cadeia argumentativa, de modo que obtenha a aceitação da audiência para a qual se dirige. O ponto final da justificação, o seu limite, não está determinado técnica ou previamente; ele está fixado na audiência, no destinatário da interpretação. Para atingi-lo, é necessário desenvolver adequadamente o procedimento justificatório.

Verifica-se, outrossim, que, na interpretação na dogmática jurídica, existe a justificação interna, vinculada ao funcionamento do sistema jurídico em si e de caráter essencialmente técnico; e a externa, que realmente se relaciona com o problema da interpretação e do discurso jurídico. A justificação externa depende, em última instância, das normas, valores básicos e princípios de inferência escolhidos pelo intérprete e utilizados na justificação. É exatamente nela que se concentra o problema do discurso jurídico e se encontra o cerne da interpretação no Direito.

O procedimento justificatório, por sua vez, incluindo as duas instâncias de justificação, que estão reciprocamente interligadas, pode ser descrito como um silogismo, formado por premissas, reforçadas por novos argumentos ordenados em cadeia.

Todavia, a interpretação jurídica não é exclusivamente um silogismo e não se pode encontrar dedutivamente a solução, a partir de um conjunto de argumentos silogísticos. Porque, se um modelo elementar de subsunção se presta a descrever o estágio final da interpretação, a chamada racionalização *ex post* - sempre possível e típica da justificação interna -, a justificação externa não é silogística de modo algum. Refere-se ela, ao revés, ao convencimento do destinatário da interpretação. Para tanto, deve-se criar uma cadeia de argumentos (ou mesmo silogismos). Porém, não há critérios exatos, gerais e pré-determinados, com base nos quais se possa afirmar que um determinado argumento (ou silogismo) é o adequado. Não há um momento certo em que se possa interromper a cadeia de razões e considerar justificado o ponto de vista interpretativo apresentado. O êxito da interpretação jurídica, ao contrário, depende de ser a totalidade de argumentos suficientemente convincente para a outra parte.

    Para um ponto de vista interpretativo ser considerado justificado, é indispensável que as fontes do Direito (pelo menos uma!) tenham sido utilizadas na forma estabelecida pelas regras (pautas) da interpretação jurídica. É certo que só isto não basta, porque apenas demonstra que a interpretação é legalmente possível.

    E é de se ressaltar ainda que as pautas da interpretação são princípios. São abertas quanto ao seu conteúdo, que pode ser preenchido através de critérios valorativos. Desta forma, a própria ordem de preferência das fontes segundo seu peso argumentativo na justificação jurídica, por aqueles critérios estabelecida, também pressupõe uma referência a valorações. Além disto, a lista de fontes do Direito inclui razões práticas (raciocínio conseqüencialista), valores e até princípios morais, que podem fazer parte da justificação de uma interpretação jurídica, o que denota as diferentes formas pelas quais valores e valorações podem ingressar no procedimento interpretativo.

    Infere-se, pois, que a justificação de um ponto de vista interpretativo, além de variar consoante o problema a ser resolvido, depende do catálogo de fontes do Direito e do sistema de valores que são aceitos e utilizados, do próprio conteúdo material de ambos e das pautas da interpretação que dirigem o raciocínio jurídico. Não existe uma metodologia única para a interpretação no Direito. Os aspectos metodológicos gerais acima esboçados não formam um modelo fechado, capaz de garantir sempre a aceitabilidade do ponto de vista interpretativo, mas podem proporcionar uma indicação do que pode ser considerado, na comunidade jurídica, como uma interpretação jurídica adequada. São guias, pois sua realização prática é só aproximada. A estrutura da interpretação na dogmática jurídica é aberta.

A teoria não pode fornecer um método único ou um esquema geral para a interpretação jurídica. No entanto, no Direito, toda interpretação é realizada no marco de uma determinada sistematização teórica, ou seja, de uma atividade cognoscitiva por meio da qual os elementos da ordem jurídica - as normas -, são postos em uma certa relação recíproca.

A sistematização é a contrapartida da interpretação. Na dogmática jurídica, aquela corresponde à investigação teórica e esta, à prática. Ambas estão interligadas. A sistematização das normas jurídicas não pode ser feita sem o conhecimento detalhado delas. É ela que oferece um esquema para a interpretação jurídica, através do qual se aprimora a apreensão do conteúdo do Direito. O produto desta atividade conjunta é um sistema jurídico, ou seja, uma concepção sistematizada da ordem jurídica. Alterando-se a sistematização, transforma-se a visão que se tem do ordenamento jurídico.

Na esteira da noção de paradigma científico de Kuhn, Aarnio define uma teoria dogmática jurídica como "um conjunto de conceitos e enunciados utilizados para sistematizar as normas jurídicas".[79] Consiste a mesma, portanto, em um instrumento para ordenar as

---
[79] AARNIO. *Lo racional*, p. 190. ("un conjunto de conceptos y enunciados utilizados para sistematizar las normas jurídicas.").

normas jurídicas de uma certa maneira. A teoria é uma articulação parcial do paradigma jurídico-dogmático. Assim, as sistematizações marcam os limites das interpretações no Direito. Ao final, tudo é reduzido ao conjunto de normas da lei e suas interpretações. Mas os conceitos que descrevem o Direito vigente estão ligados às disposições legais; não são imagens arbitrárias. Há uma interação dinâmica entre sistematização e interpretação, porque é impossível apresentar questões fora das que determinado esquema conceitual permite e, desta forma, as respostas possíveis em cada momento também estão limitadas. O interesse social em conhecer o conteúdo do Direito, sempre variável, determina o tipo de informação relevante sobre a ordem jurídica em cada momento. A prática social é um contínuo teste para a teoria dogmática jurídica, realizado através da interpretação. Às vezes, exige-se o aprimoramento do instrumental descritivo e até sua substituição. A sociedade e o Direito se transformam.

# 3. Interpretação jurídica e exigência de correção

## 3.1. CONSIDERAÇÕES PRELIMINARES

Prosseguindo-se no exame das idéias de Aulis Aarnio e com base na exposição antecedente dos principais aspectos ontológicos e metodológicos de sua teoria da justificação jurídica, tratar-se-á, neste capítulo, de sua tese central: a aceitabilidade racional como princípio regulativo da interpretação jurídica nas modernas sociedades democráticas, face à inexistência de uma única resposta correta em Direito. Para tanto, após a apresentação do núcleo da polêmica acerca da resposta correta, far-se-á uma síntese analítica dos fundamentos da aceitabilidade racional, investigando-se também algumas idéias que a sustentam. Em seguida, será traçado um breve paralelo entre Aarnio e Dworkin, no que tange à questão da resposta correta, a fim de se verificar a adequação da proposta de Aarnio às demandas sociais e jurídicas das sociedades democráticas contemporâneas, o que constituirá a parte final do capítulo.

Como mencionado, há muito tempo, preocupação comum aos filósofos do Direito, diz com o resultado da interpretação jurídica. Duas tendências costumam se opor: a dos que defendem a existência de uma única resposta correta e a dos que rechaçam esta hipótese e admitem a pluralidade de interpretações jurídicas igualmente fundamentadas.

A doutrina da (única) resposta correta atrela a racionalidade do Direito à univocidade de sua interpretação, enquanto seus opositores costumam ter um conceito mais amplo de racionalidade. Ela pressupõe que a tarefa da interpretação consiste em descobrir o significado de uma regra legal, o qual, ao menos parcialmente, é independente da atividade do intérprete.

Segundo Aarnio, tal doutrina não é homogênea, e suas distintas versões possuem diferentes pressupostos ontológicos e metodológicos, que podem ser assim resumidos: a) existe uma resposta correta que sempre será encontrada, e o intérprete saberá que a encontrou; ou, b) sempre existe uma resposta correta que pode ser encontrada, embora, na prática, nem sempre se tenha êxito - o que se estende ao conhecimento do intéprete acerca de sua descoberta: em princípio, pode saber que a encontrou, mas, na prática, nem sempre alcançará este conhecimento; ou, c) a resposta correta é um ideal que nunca pode ser alcançado, mas que constitui o propósito regulativo de toda a interpretação jurídica e, portanto, nunca se pode estar seguro de se ter chegado a ela - o que faz pensar que a mesma possa ser encontrada por casualidade, independentemente de que o intérprete se aperceba de a ter descoberto ou não.

A forma mais comum de se entender a doutrina da resposta correta é vinculando-a ao raciocínio jurídico. Para se encontrar a solução correta, analisa-se a interpretação do Direito apenas do ponto de vista interno, como uma operação silogística, que serve para descrever o resultado da interpretação ou a racionalização justificatória construída *ex post*.

Para Aarnio, analisando-se a doutrina sob enfoque à luz do princípio da certeza jurídica, chega-se à questão de saber se a cadeia de raciocínio na interpretação jurídica pode ser interrompida em algum estágio: caso referida doutrina seja verdadeira, deve-se considerar que se pode suspender a justificação quando o intérprete está em condições de verificar a verdade do enunciado interpretativo. Isto significa que a justificação está voltada para a apresentação de enunciados interpretativos verdadeiros, e a doutrina da resposta correta está voltada ao estabelecimento da verdade.

Atualmente, um dos mais destacados representantes desta corrente, responsável pelo avivamento do debate em torno da resposta correta, é o jusfilósofo norte-americano Ronald Dworkin. Quanto a Dworkin e, notadamente no que se refere aos casos difíceis, Aarnio reconhece que ele "não sustenta que em cada caso existe uma resposta correta, mas crê que, em princípio, ela é possível e, na maioria dos casos, existe tal solução. Dworkin admite que há situações ('juízos de empate') em que podem ser justificados tanto os direitos do demandante como os do demandado. Em uma situação tal, é impossível dizer qual é a resposta correta. Porém também há casos em que a idéia da resposta correta pode ser claramente defendida".[80] Tais situações de decisão podem ser caracterizadas através da suposição de uma "teoria jurídica básica" que justifica as decisões jurídicas e deve ser desenvolvida pelo julgador (em sua teoria, pelo juiz Hércules, o modelo ideal dworkiniano) - o que será desenvolvido no item 3.3.

Aarnio não aceita que a teoria de Dworkin: a) esteja "baseada na suposição idealista segundo a qual a decisão correta está oculta na lei e apenas precisa ser descoberta. Assim o sugere a idéia de Dworkin da 'existência' de direitos *ex ante*, independentemente das decisões das autoridades";[81] b) não considere a possibili-

---

[80] AARNIO. *Lo racional*, p. 214. ("[Dworkin] no sostiene que en cada caso existe una respuesta correcta pero cree que, en principio, ella es posible y, en la mayoría de los casos, existe tal solución. Dworkin admite que hay situaciones ('juicios de empate') en las que pueden ser justificados tanto los derechos del demandante como los del demandado. En un situación tal, es imposible decir cuál es la respuesta correcta. Pero también hay casos en los que la idea de la respuesta correcta puede ser claramente defendida.").
[81] AARNIO. *Lo racional*, p. 216. ("[la teoría de Dworkin] está basada en la suposición idealista según la cual la decisión correcta está oculta en la ley y tan sólo necesita ser descubierta. Así lo sugiere la idea de Dworkin de la 'existencia'de derechos *ex ante*, independientemente de las decisiones de las autoridades.").

dade de haver ambigüidade genuína nas expressões jurídicas (normas flexíveis, textura aberta), a permitir vários significados alternativos; e, c) postule uma teoria justificatória básica que possa conter valorações, que, em algum sentido, pelo menos, tenham que ser admitidas como absolutas, pois somente assim é viável a construção da "melhor teoria possível". Partidário de um moderado relativismo axiológico, Aarnio diverge francamente de Dworkin, pois não concorda com a suposição de valores absolutos, o que, inclusive, considera inadequado no âmbito da cultura jurídica ocidental. Filia-se a uma concepção que qualifica como crítica e admite a possibilidade de várias interpretações igualmente bem fundamentadas. Dito de outro modo: não há resposta correta na interpretação jurídica (tese ontológica) e tampouco respostas deste tipo podem ser descobertas pelo intérprete (teses epistemológica e metodológica). Através da aceitabilidade racional das interpretações jurídicas, Aarnio se propõe a rebater a crítica de que a existência de mais de uma possibilidade interpretativa afeta a própria idéia de justificação no Direito, que pode se tornar fruto de mero acaso ou arbítrio, conduzindo à perda de racionalidade na interpretação jurídica.

## 3.2. INTERPRETAÇÃO JURÍDICA E ACEITABILIDADE RACIONAL

Está demonstrado que a justificação de um ponto de vista interpretativo depende, em larga medida, do recurso a valores e valorações, inclusive no que diz com a ordenação das fontes do Direito utilizadas e com a especificação das pautas do raciocínio jurídico.

Diante disto, se, do mesmo modo que Aarnio, não se adotam as teorias cognoscitivas das valorações, considera-se que não há valores absolutos cognoscíveis. Portanto, deve-se admitir, para um mesmo problema jurídico, várias soluções alternativas igualmente bem fundamentadas; sendo possível, em conseqüência, mais de um ponto de vista justificado na dogmática jurídica.

Remanesce, de qualquer modo, a dúvida sobre a possibilidade de uma solução ser a melhor justificada. Para resolvê-la, já se demonstrou que, do ponto de vista de seu conteúdo, a justificação deve corresponder às razões e pautas do raciocínio jurídico aceitas e vigentes em determinado sistema jurídico. Ademais, a justificação só será coerente se a argumentação for racionalmente desenvolvida. Neste passo, deve-se reavivar a noção de que o procedimento de justificação é, em essência, um diálogo. Consiste na busca de uma combinação de argumentos necessária para a justificação do ponto de vista interpretativo, a fim de que este possa ser racionalmente aceito pelo destinatário.

Aarnio conclui que, diante da relatividade dos valores e do importante papel que desempenham no procedimento justificatório, pode haver mais de uma resposta correta na interpretação jurídica. Deve, contudo, ser possível identificar a interpretação mais bem justificada. Esta geralmente será aquela que possuir uma justificação contextualmente suficiente, o que fundamenta sua aceitação pela comunidade jurídica. Surge, deste modo, a necessidade de se justificar a própria justificação jurídica. A fim de fazê-lo, diante da presunção social básica de racionalidade vigente na cultura ocidental, há de se descobrir a conexão existente entre a racionalidade exigível na argumentação jurídica e o relativismo axiológico. Chega-se, então, ao conceito adequado de racionalidade para a justificação jurídica: a aceitabilidade racional.

### 3.2.1. A aceitabilidade racional

Cumpre advertir preliminarmente que racionalidade e aceitabilidade racional constituem modelos ideais de raciocínio ou argumentação jurídica. Não são fatos empíricos; todavia, não são criações arbitrárias. Pelo contrário, sua reconstrução reflete a exigência social de racionalidade presente na cultura ocidental. A interação comunicativa e a vida social fundamentam-se na coerência com que se deve reger o comportamento em sociedade. Tais conceitos apenas tornam explícito um fato cultural intersubjetivo, que, a exemplo da expectativa social de certeza jurídica, está profundamente oculto no uso lingüístico comum e na forma de vida ocidental.

Desta forma, verifica-se que, para Aarnio, a aceitabilidade racional resulta de uma análise cultural. Sobre ela só se pode oferecer prova indireta. Adverte o autor, na esteira da filosofia analítica, que referido conceito não pressupõe aceitação metafísica ou transcendental, porque sempre existe a possibilidade de uma cultura diversa ter um conceito de racionalidade também diferente daquele da cultura analisada.

Na condição de modelo ideal, a aceitabilidade racional é um critério para a crítica. Através dela, pode-se avaliar o discurso jurídico real e tentar aproximá-lo ao máximo do idealizado. Trata-se de uma medida para um bom discurso jurídico.

Aarnio inspira-se na tradicional diferenciação entre racional e razoável de Perelman,[82] para desenvolver em sua obra um conceito próprio de racionalidade para o Direito, não meramente instrumental, mas atento à importância da razão prática na argumentação jurídica, voltada à solução de casos concretos.[83]

Neste sentido, busca combinar o racional e o aceitável. Porque a "aceitabilidade racional é uma propriedade do resultado final do procedimento de justificação jurídica. Por conseguinte, fala-se da aceitabilidade racional dos pontos de vista interpretativos. Por sua vez, pelo que respeita à sua natureza, a interpretação jurídica é

---
[82] Ver item 1.2.5.2.
[83] Ver item 1.3.3.

um diálogo, quer dizer, neste sentido, uma forma da comunicação humana."[84] Disto decorre que a base da aceitabilidade é a racionalidade comunicativa, vinculada com a argumentação e com o convencimento e voltada para o entendimento mútuo, consoante a concepção de Jürgen Habermas. Tal racionalidade pressupõe uma linguagem comum, entendida como forma de ação, pois "falar uma língua é uma parte de uma atividade ou de uma forma de vida".[85] Deste modo, a ação comunicativa destina-se à obtenção racional da compreensão recíproca, do consenso - o que só é possível porque as partes do diálogo têm o mesmo fundamento cultural, o mesmo Mundo da Vida, isto é, partilham de um complexo composto pela cultura, sociedade e indivíduos.[86]

---

[84] AARNIO. *Lo racional*, p. 241. ("la aceptabilidad racional es una propiedad del resultado final del procedimiento de justificación jurídica. Por consiguiente, se habla de la aceptabilidad racional de los puntos de vista interpretativos. A su vez, por lo que respecta a su naturaleza, la interpretación jurídica es un diálogo, es decir, en este sentido, una forma de comunicación humana.").
[85] WITTGENSTEIN. *Investigações*, p. 189.
[86] Consoante Bárbara FREITAG, o mundo da vida "compõe-se da experiência comum a todos os atores, da língua, das tradições e da cultura partilhada por eles. Ele representa aquela parte da vida social cotidiana na qual se reflete 'o óbvio', aquilo que sempre foi, o inquestionado (...) consitui o espaço social em que a ação comunicativa permite a realização da razão comunicativa, calcada no diálogo e na força do melhor argumento em contextos interativos, livres de coação." In: Habermas e a Filosofia da Modernidade. *Perspectivas*, São Paulo, 16, p. 26. O próprio HABERMAS explica que o "mundo da vida configura-se como uma rede ramificada de ações comunicativas que se difundem em espaços sociais e épocas históricas; e as ações comunicativas, não somente se alimentam das fontes das tradições culturais e das ordens legítimas, como também dependem das identidades de indivíduos socializados (...) A prática comunicativa cotidiana, na qual o mundo da vida certamente está centrado, resulta, *com a mesma originariedade*, do jogo entre reprodução cultural, integração social e socialização". In: *Direito e democracia: entre facticidade e validade*. Rio de Janeiro: Tempo Brasileiro, 1997, p. 111-2 (Trad. Flávio Beno Siebeneichler). v.1 (em itálico, no original). A propósito da obra de Habermas ora referenciada, cumpre observar que, à época da elaboração deste trabalho, não se dispunha facilmente, no mercado, da versão oficial de sua tradução para o português - lançada, aliás, no mesmo ano em que esta dissertação foi finalizada e defendida. Assim sendo, alguns valiam-se de uma tradução provisória e não autorizada, feita exclusivamente para uso acadêmico, pelo professor Menelick de Carvalho Netto. Foi esta a versão que apareceu no texto originalmente apresentado ao CPGD/UFSC, referido como: Estudo Dirigido - Curso de Pós-Graduação em Direito da U.F.M.G. (Universidade Federal de Minas Gerais) (cópia reprográfica).

Outrossim, segundo o próprio Habermas, o "conceito elementar 'agir comunicativo' explica como é possível surgir integração social através das energias aglutinantes de uma linguagem compartilhada intersubjetivamente. Esta impõe limitações pragmáticas aos sujeitos desejosos de utilizar essas forças da linguagem, obrigando-os a sair do egocentrismo e a se colocar sob os critérios públicos da racionalidade do entendimento. Nesta ótica, a sociedade se apresenta como um mundo da vida estruturado simbolicamente, que se reproduz através do agir comunicativo."[87]

Baseado nas idéias habermasianas, Aarnio esclarece que o consenso só é obtido porque a comunicação é livre de compulsão, fundada no poder do melhor argumento. Cuida-se da situação ideal de fala, que se verifica quando as partes estão dispostas a aceitar os requisitos universais da comunicação humana, as condições básicas para que esta ocorra: verdade, correção normativa e sinceridade, que estão conceitualmente ligadas à obrigação de argumentar. Só há uma diretiva para a discussão, seja teórica, voltada para a comprovação da verdade daquilo que se enuncia, seja prática, dirigida para a verificação da correção de enunciados normativos (como os jurídicos): os argumentos devem falar por si mesmos. Para que isto se realize, devem ser respeitadas as seguintes regras: toda pessoa madura tem o direito de participar; toda pessoa tem o direito de discordar de um enunciado e formular um contra-argumento de qualquer tipo; ninguém pode ser impedido, mediante compulsão interna ou externa, de participar ou de formular críticas.

Estes preceitos estipulam a base para a discussão racional, por meio da qual se pode avaliar criticamente a ação comunicativa e verificar se se está na presença de uma autêntica comunicação ou perante o resultado de persuasão ou pressão.

---
[87] HABERMAS. *Direito e democracia*, p. 45-6. v. 1. Note-se que o trecho citado consta especificamente da nota de rodapé nº 19

Os requisitos da livre discussão racional correspondem ao princípio da ética discursiva. A esta, Habermas vincula o princípio da universalização, segundo o qual somente as normas que regulem interesses mútuos, e cujas conseqüências - em caso de obediência geral -, possam ser aceitas por todos os que forem por elas afetados, podem ser válidas. Com isto, estatui-se uma espécie de moral universal e, na discussão prática sobre normas (jurídicas ou morais), através dos argumentos, pode ser alcançado o consenso acerca do certo e do errado, acerca da validade geral de uma norma, mas não da verdade.[88]

Aarnio aceita as bases do discurso racional de Habermas, que devem ser aplicadas ao procedimento justificatório da interpretação jurídica.

Adota, no entanto, postura diversa quanto ao conceito universalista da moral. Na esteira de Ernst Tugendhat, entende que, para a argumentação jurídica, é suficiente a idéia de que cada participante em um processo de discussão defende "seu ponto de vista sobre por que o método de ação proposto deveria ser aceito como socialmente vinculante. O é se for 'igualmente bom' para cada um. Isto é o que se trata de buscar na discussão prática"[89] Porém, assim não se assegura a obtenção do consenso. A discussão racional e as regras de comunicação são unicamente o marco que permite a participação em um compromisso eqüitativo. Ou seja: apesar de se ter chegado a um compromisso sobre as vantagens e interesses comuns, continua sendo necessário um compromisso para mantê-los, do qual todos têm que ter o mesmo direito de participar. Requer-se um equilíbrio de poder, a fim de satisfazer os requisitos de eqüidade.

---

[88] AARNIO. *Lo racional*, p. 245.
[89] Idem, p. 246. ("[un participante argumenta] su punto de vista acerca de por qué o método de acción propuesto debería ser aceptado como socialmente vinculante. Lo es si es 'igualmente bueno'para cada cual. Esto es lo que se trata de lograr en la discusión práctica.").

Deduz-se que nem sempre a racionalidade comunicativa pode conduzir ao consenso, porque não elimina as divergências de opinião. Esta situação permite entender porque não existe apenas uma resposta correta na interpretação jurídica. Um diálogo racional também pode levar a duas ou mais respostas igualmente bem fundamentadas. E não se pode indicar um critério objetivo ou "a razão última" de acordo com a qual fosse possível sustentar que uma das propostas de interpretação estaria melhor fundamentada.

Aarnio lança mão da idéia de racionalidade comunicativa e desenvolve seu próprio conceito de racionalidade. Segundo ele, esta pode ser entendida de duas maneiras. De um lado, refere-se à forma de raciocínio ou argumentação, relacionada com a justificação interna, que, por se basear na inferência lógico-dedutiva (silogismo), é sempre racional. Denomina-a de "racionalidade-L". Não obstante, ela também diz respeito à justificação externa. Neste caso, trata-se do procedimento pelo qual se justificam as próprias premissas da argumentação, pois a justificação jurídica é uma forma de raciocínio prático, em que são utilizadas outras regras, além das lógicas. É a chamada "racionalidade-D", ligada ao próprio discurso jurídico racional.

Para Aarnio, portanto, no Direito, a racionalidade abrange tanto a forma lógica da argumentação, quanto as propriedades do procedimento de justificação em si mesmo.

A aceitabilidade, por sua vez, está relacionada com a conclusão da interpretação, com seu conteúdo material. Para ser aceitável, o resultado deve corresponder ao sistema de valores dos destinatários. Deve ser considerado correto, justo. Desta forma, percebe-se que é decisivo na justificação o papel dos valores e das valorações e, por isto, está em destaque a aceitabilidade axiológica da interpretação jurídica.

Verifica-se, pois, que só é considerado relevante o resultado da interpretação jurídica que, além de ser aceito por uma comunidade jurídica que atua racionalmente (interpretação racional), também seja razoável (interpretação aceitável).

Para estabelecer os requisitos necessários à obtenção deste resultado, é preciso pressupor a existência de duas teorias: uma teoria procedimental da argumentação jurídica, referida à "racionalidade-D", e uma teoria substancial, ligada à aceitabilidade material, aos conteúdos da interpretação. As regras do discurso racional (aspecto procedimental) são o marco de toda e qualquer interpretação e, no Direito, vinculam as fontes do Direito (argumentos jurídicos) ao resultado da interpretação. Outros fatores, como os argumentos empíricos e morais, também formam a justificação jurídica, sobretudo nos casos difíceis. Constitui-se, desta forma, uma combinação equilibrada destes argumentos, seguindo-se os preceitos da interpretação jurídica, que representam seu núcleo metodológico e, além de serem diretrizes gerais para o uso das fontes, mostram o lugar da evidência empírica e o papel das razões morais nos contextos jurídicos.[90]

### 3.2.1.1. Teoria procedimental da interpretação jurídica: condições gerais e regras do discurso racional

A justificação jurídica é uma espécie de raciocínio prático, pois se refere às normas que guiam a ação humana. Desenvolve-se sob a forma de um discurso racional que, segundo Aarnio, requer a observância a algumas regras, que, em apertada síntese, podem ser assim apresentadas:

1) Regras de Consistência: vinculadas com a racionalidade-L e com os princípios lógicos;
2) Regras de Eficiência: como discurso prático que é, a justificação jurídica deve buscar efetividade. Deve encontrar a conclusão. Resulta daí a ênfase num prévio

---
[90] AARNIO. Lo racional, p. 250.

acordo semântico a ser respeitado para evitar discussão inútil, fruto de mero desacordo lingüístico;

3) Regras de Sinceridade: incluem a abertura subjetiva (participação e discussão livres e sem coação); a abertura objetiva (qualquer tema pode ser discutido, já que as pautas do discurso são neutras quanto ao conteúdo da discussão, o que, no entanto, não se refere ao seu resultado material); honestidade; imparcialidade (*audiatur et altera pars*);

4) Regras de Generalização: vinculadas com a universalização das valorações e dos pontos de vista normativos. Significam que as conseqüências de uma norma utilizada devem-se estender a todos os participantes e devem poder ser aceitas por todos eles;

5) Regras de apoio: relacionadas com a necessidade de fundamentação. Referem-se ao apoio substancial, à justificação relevante e coerente, à totalidade homogênea dos argumentos utilizados na justificação.

Há ainda as regras do ônus da prova, que, por sua vez, se subdividem em materiais e procedimentais. As primeiras dizem respeito à exigência de tratamento eqüitativo (destinado a garantir a igualdade substancial entre as pessoas) e à metodologia do uso dos precedentes e dos trabalhos legislativos preparatórios (a não-utilização de qualquer deles deve ser justificada pelo intérprete). As regras procedimentais do ônus da prova relacionam-se com a base da vida social, estreitamente ligada à estabilidade. Assim, como a situação ou compreensão prevalente já está justificada, qualquer afastamento dela, qualquer mudança deve ser fundamentada.[91] A necessidade de fundamentação surge apenas com a contestação ou crítica a uma opinião aceita. Por isto, não se pode admitir justificação desnecessária.

---

[91] Trata-se de uma concepção semelhante ao "princípio de inércia" de PERELMAN, "segundo o qual o que é conforme ao que foi aceito não provoca nenhum espanto, devendo, em contrapartida, todo desvio, toda mudança ser justificados." In: PERELMAN. *Ética*, p. 105-6. Segundo ATIENZA, o princípio de inércia de PERELMAN (de certa forma reproduzido por AARNIO), indica um traço de conservadorismo ideológico. In: ATIENZA. *Las razones*, p. 91-4.

Também não se aceita justificação irrelevante, para se evitar qualquer desvio ou manipulação na discussão.

A chamada "racionalidade-D" conduz à interpretação do Direito e apresenta a racionalidade institucional vigente na sociedade. Sozinha, não garante que a interpretação será considerada aceitável pelos receptores. Para obter este resultado, duas condições devem ser cumpridas: a existência de uma base comum de conhecimento acerca da realidade entre as partes dialogantes (incluídos os destinatários) e a sujeição delas aos mesmos valores. É exatamente este último aspecto que leva à teoria substancial da interpretação jurídica.

### 3.2.1.2. Teoria substancial da interpretação jurídica: valores, valorações e forma de vida

No Direito, os valores e as valorações fazem parte da justificação de um ponto de vista interpretativo. Em alguns casos, desempenham papel decisivo na escolha de determinada opção, o que se observa claramente nas decisões judiciais.

Neste sentido, Wróblewski explica que a "justificação da decisão interpretativa exige uma identificação dos fatores que são relevantes para o significado de uma regra. Há, *prima facie*, dois conjuntos de tais fatores: diretrizes interpretativas e valorações";[92] sendo de se notar que estas últimas também interferem na escolha daquelas.

Já Perelman, ao tratar dos objetos de acordo que podem servir de premissas num processo argumentativo, opõe duas categorias: uma, relativa ao real, englobando os fatos, as verdades e as presunções, que obtêm a adesão de todos. A outra, referente ao preferível, em que se encontram os valores, as hierarquias e os lugares

---

[92] WRÓBLEWSKI, Jerzy. *Constitución y teoría general de la interpretación jurídica*. Madrid: Civitas, 1988, p. 63. (Trad. Arantxa Azurza) ("justificación de la decisión interpretativa exige una identificación de los factores que son relevantes para el significado de una regla. Hay, *prima facie*, dos conjuntos de tales factores: directivas interpretativas y valoraciones").

do preferível, que pretendem apenas a aceitação de grupos particulares. Há que se distinguir ainda entre valores abstratos (justiça, igualdade) e concretos. Os primeiros, enquanto apresentam conteúdo vago e indeterminado, podem obter a aceitação universal. Quando se delimita seu sentido, através do recurso aos valores concretos, que se referem ao caráter único de certo objeto, o consenso se restringe a grupos específicos.[93]

Perelman esclarece: "Estar de acordo acerca de um valor é admitir que um objeto, um ser ou um ideal deve exercer sobre a ação e as disposições à ação uma influência determinada, que se pode alegar numa argumentação, sem se considerar, porém, que esse ponto de vista se impõe a todos. A existência dos valores, como objetos de acordo que possibilitam uma comunhão sobre modos particulares de agir, é vinculada à idéia de multiplicidade dos grupos".[94]

No procedimento argumentativo, por conseguinte, os valores são utilizados para justificar uma opção, tornando-a aceitável para o ouvinte, de modo a convencê-lo a adotá-la.

Para Aarnio, um valor é uma propriedade de um objeto ou de um estado de coisas. Uma valoração, por sua vez, é a crença de um sujeito de que algo é ou não valioso, tem ou não um valor.

Os valores não possuem uma natureza objetiva. Às vezes, podem ser justificados teleologicamente, no que diz com as conseqüências de determinado assunto ou ato. Trata-se de uma valoração técnica, relativa à relação meio-fim, que pode ser verdadeira ou falsa, porque empiricamente verificável. Inexiste, contudo, controle objetivo para a justificação deontológica, relativa à norma que se presta a dirigir a conduta apoiando a valoração e é própria dos campos moral e jurídico. Neste caso, pode-se desenvolver uma cadeia argumentativa para justificar os valores intrínsecos (as normas que regem a

---
[93] PERELMAN. *Tratado*, p. 73-5.
[94] Idem, p. 84.

ação) e chegar a um limite em que se considere justificada a valoração. A justificação última, a eleição valorativa derradeira, pode ser identificada; porém, não é justificável. A racionalidade das valorações não é absoluta; diz respeito apenas a um sistema de valores específico, dentro do qual pode ser apresentada uma argumentação racional em favor da valoração (interpretação) efetuada. O próprio sistema axiológico, entretanto, não pode ser objetivamente justificado. Neste sentido, pode-se considerar que toda valoração é relativa e toda interpretação "está sempre justificada de um modo relativizado: depende de diretrizes intepretativas e de valorações".[95]

Aarnio defende uma postura não cognitivista em relação aos valores e classifica-se como adepto de um relativismo axiológico moderado. E embora reconheça a existência de uma pluralidade de sistemas axiológicos, rejeita a pecha de arbitrariedade e total subjetividade dos juízos de valor.

Para sustentar seu ponto de vista, recorre novamente à relação que Wittgenstein estabelece entre linguagem, ação e forma de vida. É na prática cotidiana que a linguagem encontra seu significado e seu próprio fundamento, que advém do meio social, da forma de vida comum. Esta, por sua vez, surge de uma série de atividades primitivas compartilhadas pelos indivíduos, que se estabelecem, se repetem e são aceitas. Esta base sociocultural comum é algo dado, que não pode ser fundamentado. É o fenômeno primordial, sobre o qual já não se discute mais, porque há uma aceitação usual e incondicional. É a certeza compartilhada que possibilita o conhecimento, a comunicação e a interação humanas.[96]

---

[95] WRÓBLEWSKI.*Constitución*, p. 67.("[la decisión interpretativa] está siempre justificada de un modo relativizado: depende de directivas interpretativas y de valoraciones.").

[96] É o que WITTGENSTEIN quer dizer, por exemplo, quando afirma: "O nosso erro consiste em procurar uma explicação onde devemos ver os factos como 'o fenómeno primordial'. Isto é, onde devíamos dizer: *este jogo de linguagem joga-se.*" E ainda:"Não se trata de uma explicação do jogo de linguagem através das nossas vivências, mas da constatação de um jogo de linguagem". Prossegue: "O que tem que ser postulado, o que é dado, poderíamos dizer,

Porque o "duvidar tem um fim"[97] e "a justificação à luz da experiência termina num ponto. Se não terminar, então também não é uma justificação".[98] As ações, as regras e convicções fundamentais precedem a experiência e definem e caracterizam uma determinada forma de vida, formando um sistema. Este é formado por atividades ainda mais primitivas, os elementos básicos da cultura humana: a imagem do mundo, um núcleo comum de sentido, composto pelas considerações sobre o certo e o errado, o verdadeiro e o falso. A imagem do mundo é um estado dinâmico, fluido, que se transforma continuamente e se sustenta na própria ação humana. A imagem (representação) do mundo constitui a própria atividade lingüística humana e, por conseguinte, cada forma de vida - que não é senão o nexo entre linguagem e realidade. Existem diferentes formas de vida e, em cada uma delas, podem coexistir diferentes imagens do mundo. A participação em uma determinada forma de vida possibilita o contato interpessoal e não é resultado de deliberação racional. Ao revés, trata-se de ação - uma ação primária -, que se deve a mecanismos sociais complexos, ao fundamento injustificado dado aos indivíduos (marco cultural). Do mesmo modo que a forma de vida não pode ser justificada racionalmente, a transição de uma forma para outra também não é explicável racionalmente e só pode ser feita através de alguma espécie de persuasão.[99]

Adaptando tais idéias para a questão da relatividade dos valores, Aarnio entende que todo enunciado valorativo está vinculado a uma totalidade complexa de outros enunciados axiológicos, ligados, em última instância, a uma forma de vida, no âmbito da qual podem

---

são as *formas de vida"*. Estes trechos correspondem aos parágrafos 654, 655 da primeira parte, e 238 do item "ix" da segunda parte de Investigações Filosóficas, respectivamente. In: WITTGENSTEIN. *Investigações*, p. 488-601. (em itálico no original).
[97] WITTGENSTEIN. *Investigações*, p. 514.
[98] Idem, p. 429.
[99] AARNIO. *Lo racional*, p. 276.

ser racionalmente justificados. Porém, não possuem uma justificação última, não são fruto de escolha racional e nem são universais, o que não significa que sejam arbitrários. Como diferentes formas de vida possuem semelhanças - na expressão de Wittgenstein, "parentescos" -, e, ao mesmo tempo, podem conter variadas imagens do mundo, também é possível haver mais de um sistema de valores. Os indivíduos, através do contato social e da linguagem comum, podem se entender e até fazer acordos acerca de valorações. Diante disto, conclui-se que os valores não são tão subjetivos, a ponto de cada pessoa possuir um código axiológico particular. Se assim fosse, seriam impossíveis a interação e a comunicação sociais. A própria vida social, principalmente numa comunidade aberta e democrática, requer que os valores de cada um possam ser publicamente controlados. Aderir a um sistema de valores não é uma escolha racional. Mas, socialmente, é necessário que esta adesão possa estar apoiada por uma justificação que deve ser a mais racional possível - o que, por sua vez, atende à presunção de racionalidade vigente na sociedade. Constata-se, pois, que os valores se apresentam intersubjetivamente, como a própria vida social, e, neste sentido, podem ser considerados objetivos. Este traço é que marca o caráter moderado do relativismo axiológico adotado por Aarnio.

No que tange à interpretação jurídica, deve-se frisar que, como questão lingüística, ela está visceralmente relacionada com o exame e a apreciação de assuntos concretos, vez que a análise da linguagem leva à da forma de vida e dos atos que a compõem e tornam possível a linguagem em si mesma.

Por outro lado, face à participação essencial do código axiológico no processo interpretativo do Direito, cumpre esclarecer que, através da tese relativista moderada, somente podem ser aceitos aqueles valores que, dentro da perspectiva de realização da certeza jurídica, encontram aceitação geral por parte da sociedade. Chega-se assim ao conceito de audiência, a "comunidade jurídica", os destinatários da interpretação, os indivíduos que compartilham uma forma de vida.

### 3.2.1.3. Aceitabilidade racional e audiência

Importa ressaltar, de início, que "como a argumentação visa obter a adesão daqueles a quem se dirige, ela é, por inteiro, relativa ao auditório que procura influenciar".[100] "O conhecimento daqueles que se pretende conquistar é, pois, uma condição prévia de qualquer argumentação eficaz".[101]

Esta concepção de Perelman encontra acolhida no pensamento de Aarnio, que lança mão do conceito adequado de audiência para garantir a aceitabilidade racional de um ponto de vista interpretativo e maximizar as expectativas sociais de certeza jurídica, no contexto de um moderado relativismo axiológico: o de audiência ideal, que denomina de Comunidade Jurídica II.[102]

A Comunidade Jurídica II é formada por todos os que aceitam seguir as regras do discurso racional e adotam valores comuns. Está social e culturalmente determinada, porque ligada a uma específica forma de vida: é, portanto, particular. Trata-se, outrossim, de um ideal, já que respeita os requisitos da racionalidade e, apesar de não estar baseada em valores absolutos (universais, objetivos), pode levar, embora não necessariamente, ao consenso racional.

"Os membros de uma certa sociedade participam de formas de vida relativamente uniformes em que há

---
[100] PERELMAN. Tratado, p. 21.
[101] Idem, p. 23.
[102] AARNIO apresenta esta denominação no artigo "La tesis de la única respuesta correcta y el principio regulativo del razonamiento jurídico". In: DOXA,v.8, p. 23-38,1990. Quanto ao conceito original de PERELMAN (item 1.2.6.2 do primeiro capítulo), AARNIO não concorda com seu caráter universal, porque este pressupõe uma teoria axiológica cognotivista, que conduz a valores objetivos e absolutos. Porém, aceita seu caráter ideal - que pressupõe o cumprimento das condições de racionalidade -, o qual adota em sua própria conceituação de audiência. Cfe. AARNIO. Lo racional, p. 279-84.

linhas divisórias que separam os indivíduos em campos apenas no que diz respeito a certos valores básicos. A vida social em si mesma mostra que as pessoas são capazes de uma comunicação de largo alcance, também em relação àquilo que é essencial na sociedade. Unicamente sobre esta base leva-se a cabo o manejo de nossos assuntos sociais cotidianos. A participação em uma forma comum de vida (ou em um fragmento dela) cria os requisitos para a atividade conjunta que, por sua vez, possibilita o nascimento do consenso".[103]

Decorre disto, o princípio regulativo da interpretação jurídica - o da aceitabilidade racional -, assim enunciado por Aarnio:

"A dogmática jurídica deve tentar obter aquelas interpretações jurídicas que possam contar com o apoio da maioria em uma comunidade jurídica que pensa racionalmente".[104]

Isto apenas reflete a relevância social que possui a obtenção do maior convencimento racional possível acerca do acerto de determinado ponto de vista interpretativo em Direito, devido à expectativa de certeza jurídica existente na sociedade. Não se postula uma teoria eleitoral da verdade, pois as proposições normativas da justificação jurídica não pertencem ao âmbito da verdade, mas sim, ao da legitimidade. Pode haver mais de uma argumentação verdadeira, dependendo do ponto de partida (valorativo) adotado pelo intérprete. Neste aspecto, reside o núcleo da crítica e da rejeição à tese da

---

[103] AARNIO.*Lo racional*, p. 285. ("Los miembros de una cierta sociedad participan en formas de vida relativamente uniformes en donde hay líneas divisorias que separan a los individuos en campos sólo con respecto a ciertos valores básicos.la vida social en sí misma muestra que la gente es capaz de una comunicación de largo alcance, también en aquello que es esencial en la sociedad. Sólo sobre esta base se lleva a cabo el manejo de nuestros asuntos sociales cotidianos. La participación en una forma común de vida (o en un fragmento de ella) crea los requisitos para la actividad conjunta que, a su vez, posibilita el nacimiento del consenso.").
[104] Idem, p. 286. ("La dogmática jurídica debe intentar lograr aquellas interpretaciones jurídicas que pudieran contar con el apoyo de la mayoría en una comunidad jurídica que razona racionalmente.").

única resposta correta, em função da perspectiva axiológica relativista de Aarnio.

Por outro lado, a maioria postulada é somente um fenômeno ideal, posto que formada por pessoas racionais que compartilham certas valorações relevantes para a questão jurídica sob interpretação. É, portanto, um critério para medir a importância social da norma jurídica (em sentido amplo) utilizada na justificação apresentada. Consoante o conceito ocidental de Democracia, uma interpretação jurídica que atinja um consenso representativo sobre o sistema de valores que está na base da ordem jurídica é algo necessário e suficiente. Deve-se, pois, criar uma base aceitável de ação do ponto de vista da comunidade, em razão somente da "força racional da justificação". "Tal interpretação satisfaz também maximamente a expectativa de certeza jurídica da sociedade. E, ademais, este ponto de vista possui a máxima legitimidade nessa sociedade".[105]

Aarnio apresenta uma proposta de investigação na dogmática jurídica, que é uma alternativa a modelos como o formalista (kelseniano) e o empirista (realismo jurídico).

Trata-se de conceber a validade do Direito em conexão com a certeza jurídica e com a aceitabilidade racional. Percebe-se que a justificação das interpretações desempenha um papel-chave, até porque ela é necessária para o funcionamento adequado da sociedade. A legitimidade da decisão só pode ser avaliada e é plenamente satisfeita a expectativa de certeza jurídica, quando a interpretação (ou decisão) se submete ao marco legal, após ter sido observado o discurso (argumentação) racional e respeitado o código de valores dominante. Para ser aceitáveis, as interpretações têm que ser tanto racionais (legalidade e racionalidade), quanto razoáveis (conteúdo material, valores).

Para Aarnio, a aceitabilidade racional é um princípio válido e efetivo, que funciona na prática cotidiana e

---

[105] AARNIO.*Lo racional*, p. 287. ("Tal interpretación satisface también máximamente la expectativa de certeza jurídica de la sociedad. Y, además, este punto de vista posee la máxima legitimidad en esa sociedad.").

permite encontrar a interpretação mais adequada. Mesmo que nem sempre seja observado, mantém-se como princípio regulador da comunidade jurídica como um todo, porque "guia não só o intérprete individual, mas também seus críticos. Portanto, a aceitabilidade racional satisfaz nossos mais estritos requerimentos relativos à argumentação jurídica mais adequada na sociedade democrática moderna".[106]

### 3.3. AARNIO X DWORKIN: ESBOÇO DE UMA DIVERGÊNCIA EM TORNO DA EXISTÊNCIA DA ÚNICA RESPOSTA CORRETA

Considerando-se o posicionamento de Aarnio em relação à possibilidade de correção na interpretação jurídica, pode-se traçar um paralelo entre ele e Ronald Dworkin, no que tange à tese da resposta correta. Todavia, em razão da profundidade e do alcance das teses de Dworkin - cuja reprodução, análise histórica e contextual e exame crítico não cabem nos lindes deste trabalho -, apenas serão enfatizados alguns de seus aspectos, sobretudo os que podem ser relacionados com o significado social da justificação jurídica nas Democracias contemporâneas, consoante o interesse de Aarnio e a orientação do presente estudo. Para isto, serão apresentadas a seguir, em linhas gerais, algumas das principais idéias de Dworkin.

#### 3.3.1. A visão de Ronald Dworkin: o Direito como integridade

Dworkin concebe o Direito como integridade. Parte da suposição de que os indivíduos possuem direitos *ex ante*,

---

[106] AARNIO. *Lo racional*, p. 288. ("[Esta 'medida'] guía no sólo al intérprete individual sino también a sus críticos. Por lo tanto, la aceptabilidad racional satisface nuestros más estrictos requerimientos con respecto al razonamiento jurídico más adecuado en la sociedad democrática moderna.").

independentemente de sua estatuição por ato de autoridade, que devem ser reconhecidos pelo julgador, principalmente na decisão dos chamados "casos difíceis". É a chamada "tese dos direitos".

Nesta perspectiva, desenvolve a tese da resposta certa que, segundo Vera Karan de Chueiri, se presta a demonstrar que "a toda pretensão jurídica corresponde uma resposta original, assentada na idéia de direitos, cujos princípios as regras jurídicas positivas agasalham, não havendo espaço para a sua criação, para o ato discricionário do juiz. A resposta certa não é algo dado, mas construído argumentativamente. A sua elaboração sugere a analogia da prática jurídica com o exercício literário (...), consubstanciando a idéia da *chain of law* (...) A idéia de uma interpretação crítico-construtiva para a prática jurídica (...) ajusta-se à ambição iluminista de (re)construção de uma ética da eqüidade que sirva de base normativa para o convívio social; para uma *comunicação sem entraves*. Para tanto, conceber-se-á o *direito como integridade (Law as integrity)*".[107]

Ademais, para Dworkin, um "Estado é uma comunidade de princípio e o conjunto de princípios do passado determina o presente, mas não absolutamente, apenas de modo relativo. O direito como integridade é um enfoque que exige justificar mediante razões o abandono de princípios anteriores. A integridade não tolera a irracionalidade. As normas que compõem um ordenamento jurídico estão sustentadas em um conjunto de princípios justificadores. O elemento fundamental do direito não é a norma, mas o princípio justificador (...) A justiça não é o único valor importante no direito. Junto a ele existem outros como a eqüidade, o devido processo, o princípio de legalidade e a coerência".[108]

---

[107] CHUEIRI, Vera Karan de. *A filosofia jurídica de Ronald Dworkin como possibilidade de um discurso instituinte de Direitos*. Florianópolis. Dissertação (Mestrado em Filosofia do Direito e da Política) - Curso de Pós-Graduação em Direito, Universidade Federal de Santa Catarina, 1993, p. 64-5. (em itálico, no original).
[108] CALSAMIGLIA, Albert.*Racionalidad y eficiencia del derecho*. Coyoacán/México: Fontanamara,1993, p. 89-90. ("[Un] Estado es una comunidad de principio y el conjunto de principios del pasado determina el presente, pero no

Constata-se que o Direito mantém estreitos vínculos com a Moral e a Política. Aliás, pode-se afirmar que a teoria de Dworkin pressupõe quase uma indiferenciação total entre Direito e Moral.

Em relação à questão sob enfoque - a tese da resposta correta -, releva destacar a concepção dworkiniana da função judicial, a teoria da adjudicação judicial, através da qual o autor rechaça a idéia positivista da discricionariedade do juiz nos casos difíceis e o irracionalismo subjetivista do pragmatismo.

Dworkin afirma que ao juiz cabe sempre descobrir a resposta correta, que está oculta no Direito preexistente. Para tanto, necessita o julgador de uma teoria jurídica básica que confira um sentido sistêmico a todo o Direito (leis e precedentes) e englobe os princípios - que dão conteúdo à teoria abstrata da igualdade e garantem os direitos individuais (ou de grupo) -, e as políticas que asseguram fins e interesses coletivos. Tais elementos devem ser apresentados segundo uma ordem de preferência que deve sempre privilegiar os princípios, quando em choque com as políticas. A melhor justificação possível é a mais coerente com a teoria jurídica básica em que se sustenta.

Dworkin confia tal tarefa a um juiz-filósofo que chama de Hércules. É um modelo ideal, ao qual os juízes podem e deveriam aproximar-se ao máximo.

Hércules possui "habilidades, aprendizagem, paciência e agudeza intelectual sobre-humanas".[109] e deve

---

absolutamente sino sólo relativamente. El derecho como integridad es un enfoque que exige justificar mediante razones el abandono de principios anteriores. La integridad no tolera la irracionalidad. Las normas que componen un ordenamiento jurídico están sostenidas en un conjunto de principios justificadores. El elemento fundamental del derecho no es la norma sino el principio justificador (...) La justicia no es el único valor importante en el derecho. Junto a él existen otros como la equidad, el proceso debido, el principio de legalidad y la coherencia."). Nota-se um traço comum ao pensamento de AARNIO: a necessidade de justificar o abandono de princípios anteriores, consoante a idéia de inércia de PERELMAN.

[109] DWORKIN, Ronald. Casos difíciles. In: *Cuadernos de Crítica*, 14, p. 44, 1981. (Trad. Javier Esquivel) [Instituto de Investigaciones Filosóficas. Universidad Nacional Autónoma de México] ("habilidades, aprendizaje, paciencia y agudeza intelectual sobrehumanos (...)").

tratar a ordem jurídica como se não tivesse lacunas, construindo "um esquema de princípios abstratos e concretos que proporcione uma justificação coerente para todos os precedentes do *common law* e, na medida em que estes hão de se justificar por princípios, também para as disposições constitucionais e legais (...) Sua teoria é primordialmente uma teoria acerca do que a lei ou o precedente mesmo requerem, e ainda quando, é óbvio, a elaboração deste juízo refletirá suas próprias convicções intelectuais e filosóficas, isto é algo muito diferente da suposição de que aquelas convicções têm alguma força independente em seu argumento apenas por serem suas".[110]

Hércules procura "encontrar a melhor justificação possível de um fato legislativo do passado. Trata de mostrar um pedaço da história social (a história de uma legislatura eleita de forma democrática que sanciona um texto em particular em circunstâncias particulares) sob a melhor perspectiva possível, e isto significa que sua descrição deve justificar toda a história e não só sua conclusão. Sua interpretação deve ser sensível não só a suas convicções acerca da justiça e de uma política (...), mas também a suas convicções sobre os ideais da integridade e da eqüidade política e do devido processo enquanto estes se aplicam de forma específica à legislação em uma democracia".[111] Para tanto, deve submeter

---

[110] DWORKIN. *Casos difíciles*, p. 61-3. ("[Deve construir] un esquema de principios abstractos y concretos que proporcione una justificación coherente para todos los precedentes del *common law* y, en la medida en que éstos han de justificarse por principios, también para las disposiciones constitucionales y legales (...) Su teoría es más bien una teoría acerca de lo que la ley o el precedente mismo requieren, y aun cuando, por supuesto, el hacer ese juicio reflejará sus propias convicciones intelectuales y filosóficas, eso es algo muy distinto a suponer que aquellas convicciones tienen alguna fuerza independiente en su argumento sólo porque son suyas.").

[111] DWORKIN, Ronald. *El imperio de la justicia*. Barcelona: Gedisa, 1988, p. 239. (Trad. Claudia Ferrari) ("encontrar la mejor justificación posible de un hecho legislativo del pasado. Trata de mostrar un pedazo de historia social (la historia de una legislatura elegida en forma democrática que sanciona un texto en particular en circunstancias particulares) bajo la mejor perspectiva posible, y esto significa que su descripción debe justificar toda la historia y no sólo su conclusión. Su interpretación debe ser sensible no sólo a sus

sua interpretação a sucessivos testes até chegar à melhor justificação possível do ponto de vista da moralidade política vigente na comunidade e em harmonia com as decisões do passado.[112] Dworkin refuta qualquer espaço para o juiz atuar por conta própria nos casos difíceis. Com isto, reduzem-se a incerteza e a insegurança na tomada de decisão judicial e evita-se que o juiz se transforme em legislador (garantia do princípio da separação dos poderes e da legitimidade democrática) e crie Direito novo para fatos anteriores (garantia da irretroatividade do Direito). A função do Poder Judiciário é garantir direitos individuais e não tomar decisões políticas e traçar objetivos sociais, pois, para isto, "os legisladores eleitos estão melhor qualificados".[113]

Pode-se visualizar esquematicamente esta concepção através dos seguintes aspectos, ressaltados por Albert Calsamiglia: "a) Em todo processo judicial existe um juiz que tem a função de decidir o conflito; b) Existe um direito a vencer no conflito e o juiz deve indagar a quem corresponde vencer; c) Este direito a vencer existe sempre ainda que não exista norma exatamente aplicável; d) Nos casos difíceis o juiz deve conceder a vitória a uma parte baseando-se em princípios que lhe garantam o direito; e) Os objetivos sociais estão subordinados aos direitos e aos princípios que os fundamentam; f) O juiz - ao fundamentar sua decisão em um princípio pré-existente - não inventa um direito nem aplica legislação retroativa: se limita a garanti-lo".[114]

---
convicciones acerca de la justicia y de una política (...), mas también a sus convicciones sobre los ideales de la integridad y la equidad política y el debido proceso en cuanto a que éstos se aplican en forma específica a la legislación en una democracia."). 
[112] CHUEIRI. *A filosofia*, p. 128.
[113] DWORKIN. *Casos difíciles*, p. 71. ("[el argumento de la democracia según el cual] los legisladores electos están mejor cualificados (...)").
[114] CALSAMIGLIA, Albert. Ensayo sobre Dworkin. In: DWORKIN, Ronald. *Los derechos en serio*. Barcelona: Ariel, 1989, p. 18. ("a) En todo proceso judicial existe un juez que tiene la función de decidir el conflicto; b) Existe un derecho a vencer en el conflicto y el juez debe indagar a quién corresponde vencer; c) Este derecho a vencer existe siempre aunque no exista norma exactamente

*A Justificação do Direito e sua Adequação Social*

Verifica-se que a concepção de Dworkin se baseia na pressuposição ontológica fundamental de que existe sempre uma resposta correta, a qual, ainda que implícita, pode ser descoberta. Tal premissa se sustenta em uma teoria objetivista da moral social, que supõe juízos morais verdadeiros e objetivamente cognoscíveis. Embora estes não sejam produto de um procedimento específico, a resposta correta encontrada "por Hércules não o é porque ele assim o creia ou em virtude de algum consenso obtido com os que estão de acordo com suas crenças, mas o é objetivamente ainda quando não haja meios para demonstrar sua verdade ou falsidade".[115]

### 3.3.2. "Hércules x comunidade jurídica II"

Tanto o juiz Hércules, de Dworkin, quanto a Comunidade Jurídica II, de Aarnio, são conceitos ideais que se prestam a medir (e criticar) a racionalidade e a correção da interpretação jurídica. Ambos analisam a atividade judicial, porque nela se refletem de maneira mais clara as relações entre o Direito, a sociedade, as questões morais e políticas, e em torno dela giram as expectativas sociais de certeza e segurança jurídicas.

A racionalidade das decisões judiciais está vinculada com sua previsibilidade. Para tanto, é preciso que haja algum parâmetro que diminua a incerteza de seu resultado.

Segundo Aarnio, o resultado da interpretação depende de que esta tenha sido realizada no marco das regras do discurso racional. Através destas, as fontes do

---

aplicable; d) En los casos difíciles el juez debe conceder la victoria a una parte basándose en principios que le garantizan el derecho; e) Los objetivos sociales están subordinados a los derechos y a los principios que los fundamentan; f) El juez - al fundamentar su decisión en un principio preexistente - no inventa un derecho ni aplica legislación retroactiva: se limita a garantizarlo.").
[115] VIGO. *Perspectivas*, p. 179. ("[Lo correcto concluido] por Hércules no lo es porque él así lo crez o en virtud de algún consenso logrado con los que están de acuerdo con sus creencias, sino que lo es objetivamente aun cuando no haya medios para demostrar su verdad o falsedad.").

Direito e os princípios de interpretação estabelecidos - que devem necessariamente ser utilizados pelo juiz - se vinculam ao resultado da interpretação. É o procedimento que, em última instância, pode gerar um resultado correto e permite o controle da interpretação jurídica.

Para Dworkin, é a exigência de coerência com as decisões do passado, com os princípios que as inspiraram, que obriga o juiz a conceber o Direito como integridade e o impede de romper com a cadeia narrativa do Direito. Neste aspecto, sua teoria se insere exatamente em seu contexto cultural: o do sistema jurídico do *Common Law*, essencialmente construído sobre precedentes. Sua concepção do Direito como uma narrativa coerente, mais do que corresponder a um conceito interpretativo, reflete grande preocupação com a segurança jurídica, em função do que, pela força dos precedentes, é anulado o poder do juiz, criando-se limitações que, na tradição romano-germânica, decorrem do primado do princípio da legalidade.

De todo modo, Aarnio e Dworkin constatam que há um paradigma comum de que o intérprete parte no processo hermenêutico, inclusive nos chamados casos difíceis. Aarnio identifica-o nas fontes sociais do Direito; Dworkin admite a existência de direitos *ex ante*, independentemente de qualquer ato de autoridade, consubstanciados nos princípios jurídicos. Ambos vinculam o juiz à tradição vigente no meio social: Aarnio, através das fontes positivadas; Dworkin, recorrendo à história institucional da narrativa jurídica que revela os princípios básicos da moralidade política da comunidade.

Quanto à possibilidade de controle racional da justificação das decisões jurídicas, Dworkin entende inexistir um procedimento que mostre necessariamente a única resposta correta, mas, para ele, isto não invalida sua tese porque Hércules estaria em condições de encontrar a única solução certa, cabendo ao juiz real aproximar-se ao máximo deste ideal. Aarnio, por sua vez, afirma não haver uma metodologia única para a interpretação jurídica; porém, como a argumentação jurídica é uma espécie de discurso prático (moral), sua racionalidade é garantida pela observância das regras do discurso racional em circunstâncias ideais. Cuida-se também de um padrão idealizado, mas, neste caso, o próprio procedimento permite conferir racionalidade ao resultado.

Quanto à correção dos resultados obtidos na interpretação jurídica, Aarnio não considera possível que, havendo conflito de valores, haja uma única solução correta. Axiologicamente relativista, não admite pretensões universalizantes. Prefere a aceitabilidade racional das decisões jurídicas e invoca o princípio da maioria como critério pragmático para a estabilização das respostas no Direito. Com isto, leva em conta as expectativas do auditório (a sociedade), o que já é considerado no próprio procedimento justificatório, concebido como um diálogo racional entre julgador e destinatários. Através do diálogo interpretativo, estabelece-se a comunicação entre juiz e sociedade, o que é necessário para a legitimação e controle do poder exercido através da atividade judicial.

Dworkin, por seu turno, parte da pressuposição de valores absolutos objetivamente apreensíveis que conduzem à resposta correta. Considera que a razão é capaz de conhecimento objetivo, universalmente válido. Daí que o resultado alcançado através da teoria justificatória mais coerente com a concepção de Direito como integridade é o único correto. Esta solução é encontrada pelo juiz, que a constrói argumentativamente a partir do material jurídico existente e à luz da moralidade política da comunidade. Não há a preocupação com o estabelecimento de um diálogo (ainda que hipotético), com os destinatários. Hércules está fechado em si mesmo e descobre a melhor resposta (a única correta), lançando mão de seus próprios juízos morais e políticos.

Dworkin também não analisa as limitações da linguagem, pois, para ele há um sentido oculto no ordenamento que pode ser descoberto pelo intérprete.

Em algumas situações raras, os "juízos de empate", o jusfilósofo norte-americano admite que os direitos de ambas as partes podem estar justificados. Neste caso, a decisão deve se reger por critérios de moralidade política. Assim, para que a escolha final seja a única correta, deve-se pressupor, como explica Alexy, "uma tese ontológica que não é apenas difícil de fundamentar como também não é muito plausível. Ainda que não exclusivamente, as respostas às questões práticas também se baseiam essencialmente em interpretações e avaliações de interesses. Não se pode supor, com base nisso, que sempre só é possível exatamente uma resposta para cada questão prática. A tese da existência de uma única resposta adequada para cada questão prática coloca, pelo menos no campo prático, uma injustificável ficção ontológica".[116]

A pressuposição de valores absolutos que está na base da tese da resposta correta é rechaçada por Aarnio, que não a admite nem como critério para avaliar a correção das interpretações. Esta solução é proposta, por exemplo, por Alexy, que pleiteia a utilização da idéia da única resposta correta como princípio regulativo do discurso prático (e, portanto, do jurídico), de forma que, através de um procedimento racional, se envidem esforços para alcançá-la, embora não se saiba quando isto ocorra.

Para Aarnio, as escolhas finais na argumentação jurídica não se baseiam somente na racionalidade do procedimento adotado e nas estruturas livres que asseguram a discussão ideal. Os interesses (valores) em causa também são decisivos para a decisão. Nesta perspectiva, afirma que dois ou mais juízes Hércules *"podem alcançar várias respostas não equivalentes, mas igualmente fundamentadas"*.[117]

---

[116] ALEXY, Robert. Problemas da teoria do discurso. In: OLIVEIRA JÚNIOR, José Alcebíades de (org.). *O novo em Direito e Política*. Porto Alegre: Livraria do Advogado, 1997, p. 25. (Trad. João Maurício Adeodato).
[117] AARNIO, Aulis. La tesis de la única respuesta correcta y el principio regulativo del razonamiento jurídico. *DOXA*, v.8, p.32, 1990. ("[dos o más Hércules J.] *pueden* alcanzar varias respuestas no equivalentes pero igualmente bien fundadas.").

Explica Aarnio que, neste caso, não há argumentos racionais para sustentar que uma das possibilidades é a correta. Isto só seria possível de fora da discussão, através de um "meta-Hércules", o que conduziria a um regresso ao infinito argumentativo, sem resolver o problema. Daí que "uma pessoa que fale de uma solução 'correta' neste tipo de situações, remete a argumentos que estão 'por trás' das razões públicas",[118] sendo impossível continuar a discussão racional com ela.

Tudo isto remete à noção básica de audiência. É esta que pode determinar, em casos de empate, qual é a solução mais bem fundamentada, pois é à audiência que se dirige todo procedimento argumentativo. Neste aspecto, reside outra distinção importante entre Aarnio e Dworkin.

### 3.3.3. Resposta correta e audiência

Se não se partilha do objetivismo axiológico pressuposto por Dworkin, é necessário recorrer a algum outro critério para avaliar a correção da interpretação jurídica e tornar objetiva e controlável a atividade judicial.

Nas Democracias, face à exigência de razões públicas das decisões tomadas no exercício do poder, é a aceitabilidade social das mesmas que permite avaliar sua correção. Para isto, é necessário levar em conta os interesses da sociedade e sua incessante transformação.

Dworkin mantém-se fiel a um enfoque histórico, prende-se à tradição - talvez em decorrência de sua formação hermenêutica. Concebe sua tese para uma sociedade democrática que supõe como sendo uma pessoa moral, para a qual exige, além de integridade moral, uma concepção coletiva coerente da justiça, que se origina no passado e é capaz de conduzir à verdade

---
[118] AARNIO. *La tesis*, p. 32. ("una persona que hable de una solución 'correcta' en este tipo de situaciones, remite a argumentos que están 'detrás' de las razones públicas ...").

(correção) das interpretações jurídicas. Esta visão de sociedade como um todo passível de homogeneização axiológica, além de não corresponder à realidade (nem em países desenvolvidos e de arraigada tradição cultural), não se amolda ao caráter das Democracias ocidentais contemporâneas, marcadas pelo processo atual de globalização e da fragmentação que lhe corresponde e pelo pluralismo - que se não é político e partidário, é certamente cultural, ético, religioso, ideológico ou étnico. Além disto, ao privilegiar os princípios, em detrimento das políticas - as quais o juiz não pode levar em conta na decisão de casos difíceis[119] -, Dworkin não apenas limita a atividade judicial, mas retira-lhe a possibilidade de realizar os próprios direitos individuais que tanto preza. Sobre isto, esclarece Willis Santiago Guerra Filho, que a distinção preconizada por Dworkin não dá conta da dupla dimensionalidade dos direitos fundamentais: uma dimensão "*subjetiva*, individual, a que tradicionalmente a eles vem associada, e, uma outra, *objetiva*, que expressa valores almejados por toda a comunidade política. Essa última, no dizer de Vieira de Andrade, 'aparece *contraposta* aos direitos (interesses) individuais, relativizando-os, revelando e definindo os seus *limites*".[120]

Isto significa que é preciso harmonizar interesses de natureza individual e coletiva e interesses de caráter geral, de ordem pública. Não se pode pressupor a existência de valores absolutos no meio social e qualquer indicação de uma hierarquia entre os diversos valores reflete uma visão pessoal. Sua adequação à realidade só pode ser medida através do respaldo da própria comunidade a que se dirige. Atualmente, nas sociedades democráticas, a diversidade de opiniões e valores não autoriza respostas definitivas e concepções absolutizantes e unívocas.

---

[119] DWORKIN.*Derechos en serio*, p. 490.
[120] GUERRA FILHO, Willis Santiago. Princípios da isonomia e da proporcionalidade e privilégios processuais da Fazenda Pública. *Revista de Processo*. São Paulo, n. 82, p.70-91, abr-jun 96. (grifos, no original).

Neste aspecto, adepto de uma visão mais realista, Aarnio reconhece que, nas sociedades democráticas ocidentais, convivem diferentes códigos morais. Contudo, no que tange à interpretação jurídica, entende que não é qualquer sistema de valores que tem relevância para a realização da certeza jurídica. O intérprete deve interagir com o auditório, pois somente os valores que possam lograr um consenso representativo na comunidade são aceitáveis como critério de decisão. Respeita-se o caráter heterogêneo das sociedades contemporâneas, que destaca a legitimidade da interpretação jurídica (princípio da maioria), em detrimento de uma improvável correção.

Note-se, a propósito, que, embora oriundo de um contexto geopolítico marcadamente homogêneo e altamente desenvolvido, o dos países escandinavos, o que talvez possa explicar um certo excesso de confiança no caráter genuinamente democrático e racional da sociedade contemporânea,[121] Aarnio reflete uma concepção pluralista de sociedade, em que distintas visões de mundo convivem, mediante compromissos que exigem a ponderação de interesses contrapostos. Tal entendimento se amolda melhor à Democracia concebida, na esteira do entendimento de Claude Lefort, como dissenso, espaço de conflitos e diferenças, ordem social comprometida com o que Warat identifica com o "advento de práticas e significações que, pela ação de múltiplas circunstâncias históricas, vão instituindo novas relações com o poder, a dominação e o sentido da autonomia do homem".[122] A Democracia "é o lugar da indeterminação

---

[121] Também Paolo Comanducci, em artigo intitulado "Aarnio ed il problema della certezza del diritto", faz menção ao contexto geopolítico em que AARNIO está inserido, bem como destaca que o autor finlandês escreveu a obra analisada no início dos anos setenta, para explicar sua (talvez excessiva) confiança na homogeneidade (ética e não apenas genericamente cultural) das modernas sociedades ocidentais e rejeitar a pecha de conformismo ético que se lhe poderia atribuir, caso esquecidas tais advertências. In: COMANDUCCI, Paolo e GUASTINI, Riccardo. *Analisi e diritto 1994. Ricerche di giurisprudenza analítica*. Torino: G. Giappichelli Editore, 1194, p. 111-29.
[122] WARAT, Luis Alberto. *Introdução Geral ao Direito II*. Porto Alegre: Fabris, 1995, p. 108. (Trad. José Luís Bolzan de Moraes).

e da invenção";[123] nela, não há espaço para a verdade definitiva, e, portanto, um único sentido, uma única resposta.

Nesta perspectiva, a proposta de Aarnio é mais adequada à concepção de Democracia, por admitir a possibilidade de que várias soluções jurídicas coexistam, embora seja necessário escolher uma delas, como forma de viabilizar a própria coesão social. Apesar disto, não há soluções definitivas, pois sempre se pode aduzir novas razões, novos argumentos, o que permite, em novas circunstâncias sociais, a aceitação de outra alternativa, alargando os horizontes do Direito e da própria sociedade.

Ainda que baseada no critério majoritário, a aceitabilidade racional permite a indeterminação controlável de um Direito e de uma sociedade em constante transformação e, assim, ajusta-se melhor ao princípio democrático do que a tese da pressuposta resposta correta única, ao estilo de Dworkin, com pretensões omnicompreensivas e critérios pré-estabelecidos.

Neste sentido, Warat afirma não ver "inconveniente em falar do consentimento das maiorias se o pensarmos como um processo altamente diferenciado (em permanente estado de redefinição) de produção de subjetividade, nunca como ponto de partida, como gesto inaugural de uma forma de sociedade, ou como categoria *a priori* do imaginário social. O que não podemos é preservar a 'vontade da maioria' como uma categoria metafísica ou uma fórmula estereotipada".[124]

No mesmo diapasão, Chantal Mouffe, tratando do consenso possível nas sociedades democráticas, explica existir, "sem dúvida, uma necessidade de garantir o pluralismo, os direitos individuais e as minorias contra uma possível tirania da maioria. Mas o perigo oposto existe igualmente, o de assim tornar natural um deter-

---

[123] ROCHA, Leonel Severo. Em defesa da Teoria do Direito. *Seqüência*. Florianópolis, n.23, p. 46, 1992.
[124] WARAT. *Introdução*, p. 104.

minado conjunto de 'liberdades' e direitos existentes, fortalecendo ao mesmo tempo muitas relações de desigualdade. A procura de 'garantias' pode conduzir à própria destruição da democracia pluralista. Daí a importância de compreender que, para que a democracia exista, nenhum agente social pode ter a possibilidade de reivindicar qualquer domínio quanto à *fundação* da sociedade. A relação entre agentes sociais só poderá ser apelidada de 'democrática' desde que aceitem a particularidade e as limitações das suas reivindicações - isto é, só na medida em que reconheçam as suas relações mútuas como relações das quais o poder é inerradicável".[125] E, reconhecendo a irredutível pluralidade axiológica das sociedades democráticas, a autora francesa indica, como alternativa possível dentro da perspectiva que defende, o alargamento da "revolução democrática a um número crescente de relações sociais",[126] o que, obviamente, implica sua extensão à interpretação jurídica, tal como buscado por Aarnio.[127]

Surge, portanto, a necessidade de algumas ponderações acerca de um uso efetivamente democrático do princípio da maioria na interpretação jurídica.

### 3.4. O PRINCÍPIO DA MAIORIA

É certo que Aarnio ressalta o caráter contrafático de seu apelo ao princípio da maioria. Trata-se de um procedimento racional ideal, em que todas as regras e exigências da racionalidade discursiva são respeitadas e mesmo as opiniões da minoria são levadas em conta

---
[125] MOUFFE, Chantal. *O regresso do político.* Lisboa: Gradiva, 1996, p. 200-1 (Trad. Ana Cecília Simões).
[126] MOUFFE. *O regresso,* p. 203.
[127] Para AARNIO, a exemplo de Chantal MOUFFE, a efetivação de práticas democráticas deve ser estendida não só ao campo jurídico, mas a todos os setores da vida social, inclusive o político e o axiológico. Em seu já referido *Derecho, racionalidad y comunicación social,* o autor defende claramente esta perspectiva de expansão social da Democracia.

para se chegar à solução, prevalecendo apenas a força do melhor argumento. O critério majoritário decorre da racionalidade aceita por todos e surge como alternativa mais racional para a escolha de uma solução do que qualquer mecanismo aleatório - como seria o recurso ao sorteio, por exemplo. Neste contexto artificial, não há espaço para os perigos da "ditadura da maioria".

É de se observar, todavia, que o próprio Aarnio sugere a aplicação prática de sua proposta, como meio de "construção pacífica da sociedade de acordo com as expectativas das pessoas comuns",[128] pois o Direito encontra sua legitimidade no meio social. Neste caso, há possibilidade real de conseqüências negativas para a conservação da forma democrática de sociedade, tão cara a Aarnio, que devem ser analisadas.

De início, forçoso é reconhecer que, em termos meramente práticos, o princípio da maioria ainda parece se sustentar como o mais bem desenvolvido, tanto que, além de ser adotado nos próprios tribunais para os casos de divergência (o que - note-se - confirma a possibilidade de mais de uma resposta correta), também vigora, com nuances, nos mais diversos sistemas eleitorais. Há, por conseguinte, uma estreita correlação entre a legitimação política, a representatividade do maior número, e a tese de Aarnio. Este, aliás, admite expressamente ser necessário e suficiente obter um consenso representativo sobre o sistema de valores que está na base da ordem jurídica.[129]

Por outro lado, apesar do vetor que rege a interpretação jurídica para Aarnio ser a maximização da expectativa social de certeza jurídica - o que, no caso das decisões judiciais, pressupõe sua previsibilidade e racionalidade -, a isto se aduz a exigência de aceitabilidade, referida ao seu conteúdo material. É justamente em relação a este aspecto que o princípio da maioria é

---

[128] AARNIO. *Lo racional*, p. 296. ("una construcción pacífica de la sociedad de acuerdo con las expectativas de la gente común.").
[129] Idem, p. 287.

apresentado como solução mais racional, pois somente as interpretações que correspondam ao sistema de valores dominante no meio social levam à aceitabilidade racional da comunidade. Se, por um lado, com isto se atenua o relativismo axiológico de Aarnio - que, refutando concepções totalizantes, acredita na possibilidade de um certo consenso sobre os valores básicos entre os indivíduos -, por outro, é neste exato ponto que reside a principal dificuldade de sua tese, no que concerne aos riscos de práticas distorcidas, aos perigos das maiorias manipuladas e artificiais, sobretudo nas atuais sociedades de (des)informação.

A aceitabilidade racional da maioria pressupõe a apresentação de razões públicas na justificação jurídica, o que se constitui em importante meio de controle do exercício do poder judicial - que, para concretizar os direitos, possui um amplo espaço de criação no Direito -, o qual, para se legitimar, deve respeitar os limites que lhe são impostos, cumprir efetivamente seus deveres e buscar resultados "racionais e razoáveis", que possam ser devidamente fundamentados. Confere-se maior objetividade às decisões judiciais, que passam a valer apenas por sua fundamentação, sem que se especule sobre as motivações subjetivas do julgador, as quais, por não serem apreensíveis, são incontroláveis. "A ênfase, então, é transferida, mediante a formulação de razões, das questões genéticas e psicológicas para a extraordinária importância da justificação racional e explícita".[130]

De outro giro, entendida como procedimento discursivo racional, a proposta de Aarnio já contém, em seu aspecto formal, a possibilidade de controle e limitação de seu conteúdo material, que é oferecida pela observância às regras do discurso racional e, sobretudo, pelo princípio fundamental de universalização (ou generali-

---

[130] BERGHOLTZ, Gunnar. *Ratio et Auctoritas*, p. 85. ("El énfasis, entonces, es desplazado, mediante la formulación de razones, desde las cuestiones genéticas y psicológicas a la extraordinaria importancia de la justificación racional y explícita.").

zação), o qual determina que apenas as normas suscetíveis de aceitação por parte de todos os afetados (participantes do diálogo racional) podem ser aceitas e utilizadas. Com isto, podem ser afastadas distorções como aquelas de sistemas totalitários de tipo nazista, por exemplo, evitando-se que qualquer assunto seja positivado e legitimado como Direito. Invocam-se os pressupostos de participação política e discussão aberta, característicos de regimes democráticos. Estes permitem aos próprios indivíduos, através da argumentação racional, determinar as leis a que se obrigam e apontar os valores que desejam ver primordialmente protegidos pela ordem jurídica. Há, contudo, uma séria objeção a este raciocínio: seu caráter eminentemente procedimental, que enfatiza a forma em detrimento da substância.

Para esta contestação, encontra-se, já antecipada em análise acerca dos paradigmas do Direito feita por Habermas, a indicação de uma resposta. Diz ele: "O paradigma procedimental do Direito nutre a expectativa de poder influenciar, não somente a autocompreensão das elites que operam o direito na qualidade de especialistas, mas também a de todos os atingidos. E tal expectativa da teoria do discurso, ao contrário do que se afirma muitas vezes, não visa à doutrinação, nem é totalitária. Pois o novo paradigma submete-se às condições da discussão contínua, cuja formulação é a seguinte: na medida em que ele conseguisse cunhar o horizonte de uma pré-compreensão de todos os que participam, de algum modo e à sua maneira, da interpretação da constituição, toda transformação histórica do contexto social poderia que ser entendida como um desafio para o reexame da compreensão paradigmática do direito. Esta compreensão, como aliás o próprio Estado de direito, conserva um núcleo dogmático, ou seja, a idéia de autonomia, segundo a qual os homens agem como sujeitos livres na medida em que obedecem às leis que eles mesmos estabeleceram, servindo-se de suas noções adquiridas num processo intersubjetivo. Contudo, esta idéia 'dogmática' num sentido sui generis. Pois nela se expressa uma tensão entre faticidade e validade, a qual é 'dada' através da estrutura lingüística das formas de vida sócio-culturais, as quais nós, que formamos nossa identidade em seu seio, não podemos eludir".[131]

Este pensamento destaca a função da igualdade no procedimento democrático que leva à estatuição do Direito e a considera suficiente para garantir a liberdade humana. Com efeito, tais pressupostos podem propiciar o entendimento recíproco entre as pessoas, através do debate racional nos setores próprios (opinião pública, movimentos, organizações, poderes estatais e, sobretudo, Poder Legislativo), acerca dos interesses que lhes são comuns. A própria Democracia, através dos procedimentos a ela inerentes, pode garantir sua sobrevivência e a convivência racional entre os indivíduos.

Porém, como observado por Touraine, a "democracia não somente um conjunto de garantias institucionais, ou seja, uma liberdade negativa. É a luta de sujeitos, impregnados de sua cultura e liberdade, contra a lógica dominadora dos sistemas; segundo a expressão lançada por Robert Fraisse, ela é a política do sujeito (...) Defender e produzir a diversidade em uma cultura de massa torna-se o grande desafio para a democracia".[132]

Assim, se se considera que os mecanismos formais podem não ser suficientes para assegurar a existência da Democracia - e, por conseguinte, dos seus próprios procedimentos -, é preciso dotar a sociedade de mais meios de tornar efetivo o ideal democrático, não sendo prudente nem recomendável abraçar acrítica ou confiantemente o critério majoritário, como sugerido por Aarnio.

É que, ainda como ensina Touraine, a "justaposição da representação, cidadania e limitação do poder pelos direitos fundamentais não basta para constituir, em

---

[131] HABERMAS. *Direito e Democracia*. p. 190. v. II (Grifos no original).
[132] TOURAINE, Alain. *O que é a democracia?* 2.ed. Petrópolis: Vozes, 1996, p. 24. (Trad. Guilherme João de Freitas Teixeira).

todos os casos, a democracia. E, se não há princípio mais geral do que esses três elementos, é preciso concluir que o elo que os une e obriga a se combinar é apenas negativo: consiste precisamente na ausência de um princípio central de poder e legitimação. Para a democracia, é indispensável a recusa de toda a *essencialidade* do poder. Tal postura é manifestada concretamente pela lei da *maioria*. Ela só é o instrumento da democracia se admitirmos que a maioria representa unicamente metade mais um dos eleitores e que, até mesmo, podem existir "maiorias de idéias", permutáveis segundo os problemas a serem resolvidos. A lei da maioria é o contrário do poder popular, assim como desse recurso à vontade do povo que deu embasamento aos regimes autoritários e destruiu as democracias, em vez de as consolidar."[133]

Disto decorre que, em relação ao Direito, já que os membros do Poder Judiciário não são eleitos, e, portanto, não devem corresponder aos apelos fluidos das maiorias oscilantes - embora devam filiar-se aos valores mais gratos da sociedade, geralmente constantes dos textos constitucionais -, além do "cerne dogmático da autonomia dos indivíduos", como afirmado por Habermas, e, talvez, exatamente para garanti-lo, é imperioso que existam parâmetros materiais para a positivação, consubstanciados em um núcleo material "injustificável" comum a qualquer forma de vida democrática. Neste sentido, os direitos humanos constitucionalmente reconhecidos constituem garantias da realização da autonomia de todos, pois é certo que "uma aceitação genuína requer a garantia de umas condições prévias estabelecidas sob a forma de direitos. Este é o sentido dos direitos fundamentais, que devem ser considerados fundamentais enquanto direitos *democráticos*. A base de legitimidade de todo sistema de poder reside aqui, nas garantias estabelecidas constitucionalmente para salvaguardar a integridade e assegurar a participação de

---

[133] TOURAINE, Alain. *O que é a democracia?*, p. 46.

todos os indivíduos nos distintos processos políticos e sociais conduzentes à tomada de decisões. Se existe um critério orientativo da tarefa jurisdicional baseado em fundamentos sólidos é este".[134]

Na mesma linha de argumentação, mas voltado ao Direito Penal e às implicações profundas de sua aplicação na vida individual e social, adverte Ferrajoli que o critério da maioria "não só é estranho, mas está em contradição com o específico fundamento da legitimação do Poder Judiciário. Nenhuma maioria pode tornar verdadeiro o que é falso, ou falso o que é verdadeiro, nem por isso pode legitimar com o seu consenso uma condenação infundada, porque pronunciada sem provas. Por isso parecem inaceitáveis e perigosas para as garantias do processo justo, e acima de tudo as do processo legal, aquelas doutrinas 'consensualistas' ou 'discursivas' da verdade que nascidas noutros contextos disciplinares, como a filosofia das ciências naturais (Kuhn), ou a filosofia moral e política (Habermas) – alguns penalistas e processualistas gostariam hoje de importar para o processo penal, talvez para justificação desses aberrantes institutos processuais que são as negociações da pena (patteggiamenti). Nenhum consenso nem o da maioria, nem o do argüido – pode valer como critério de produção da prova. As garantias dos direitos não são derrogáveis nem disponíveis".[135]

Não obstante a justeza destas observações, deve-se lembrar que não é tão simples o apelo aos direitos

---

[134] SAAVEDRA, Modesto. Interpretación Judicial del derecho y democracia. *AJURIS*. Porto Alegre: Associação dos Juízes do Rio Grande do Sul, v. 68, nov. 1996 ,p.309-10 ("una aceptación genuina requiere la garantía de unas condiciones previas establecidas en forma de derechos. Este es el sentido de los derechos fundamentales, los cuales deben ser considerados fundamentales en cuanto *democráticos*. La base de legitimidad de todo sistema de poder reside aquí, en las garantías establecidas constitucionalmente para salvaguardar la integridad y asegurar la participación de todos los individuos en los distintos procesos políticos y sociales conducentes a la toma de decisiones. Si existe un criterio orientativo de la labor jurisdiccional basado en fundamentos sólidos es éste.").
[135] FERRAJOLI, Luigi. O Direito como sistema de garantias. In: OLIVEIRA JÚNIOR, José Alcebíades (org.). *O novo em direito e política*. Porto Alegre: Livraria do Advogado, 1997, p. 102.

fundamentais como princípio regulativo substantivo (e não meramente procedimental) da interpretação jurídica. É que, como é cediço, não há critério objetivo para apontar o conteúdo dos direitos fundamentais. Geralmente são aceitos sem contestação porque estão indeterminados; porém, as divergências aparecem quando se trata de especificá-los, o que varia ao sabor das épocas e das culturas, de onde, como e quando são aplicados.

Como adverte Boaventura de Souza Santos, na "forma como são agora predominantemente entendidos, os direitos humanos são uma espécie de esperanto que dificilmente se poderá tornar na linguagem quotidiana da dignidade humana nas diferentes regiões do globo",[136] a não ser que se adote uma hermenêutica especial, intercultural, que leve em conta não só a necessidade de se ampliar o reconhecimento do outro na sociedade, mas também os imperativos de máxima igualdade entre os indivíduos nas situações de diferenciação devidas ao pluralismo cultural[137] existente no meio social.

Atualmente, os direitos humanos estão incorporados aos textos constitucionais da maioria dos países democráticos. Impõem sua presença nas sociedades democráticas pluralistas e conflitivas, face à dimensão simbólica que possuem. Explica-o Lefort: "Esses direitos são um dos princípios geradores da democracia. Tais

---

[136] SOUZA SANTOS, Boaventura. Uma concepção multicultural de direitos humanos. In: *Lua Nova* (Governo e Direitos). São Paulo, CEDEC, n. 39, p. 122, 1997.
[137] A hermenêutica proposta por Boaventura de Souza Santos é denominada diatópica e para que adquira um caráter emancipatório, dois imperativos interculturais devem ser levados em conta em sua prática. O primeiro determina que, "das diferentes versões de uma dada cultura, deve ser escolhida aquela que representa o círculo mais amplo de reciprocidade dentro dessa cultura, a versão que vai mais longe no reconhecimento do outro". O segundo indica que, "uma vez que todas as culturas tendem a distribuir pessoas e grupos de acordo com dois princípios concorrentes de pertença hierárquica, e, portanto, com concepções concorrentes de igualdade e diferença, as pessoas e os grupos sociais têm o direito a ser iguais quando a diferença os inferioriza, e o direito a ser diferentes quando a igualdade os descaracteriza" - o que, segundo o autor, é um objetivo muito difícil de atingir. Os trechos citados encontram-se no texto antes referido, respectivamente, nas páginas 121 e 122.

princípios não existem à maneira de instituições positivas das quais podemos, de fato, inventariar os elementos, mesmo que seja certo que animam instituições. Sua eficácia provém da adesão que lhes é dada e esta adesão está ligada a uma maneira de ser em sociedade cuja medida não é fornecida pela simples conservação de vantagens adquiridas. Em suma, os direitos não se dissociam da consciência dos direitos (...) a manifestação simbólica do direito se manifesta ao mesmo tempo na irredutibilidade da consciência do direito a toda objetivação jurídica, o que significaria sua petrificação num corpo de leis, e na instauração de um registro público onde a escrita das leis - como escrita sem autor - só tem por guia o imperativo contínuo de um deciframento da sociedade por ela mesma".[138]

É, portanto, a possibilidade contínua de enunciação de novos direitos a partir da referência aos direitos do homem, caracterizadora da Democracia, que implica a necessidade de proteção das minorias no seio das sociedades democráticas contemporâneas, o que deve se ajustar às premissas do diálogo racional levado a efeito na interpretação jurídica. Na sociedade e no Direito, está-se diante de "uma história que continua aberta".[139]

Neste sentido, merece registro a oportuna observação de Canotilho: "A posição (...) referente ao Estado de Direito e aos direitos fundamentais, assentará (1) na idéia de os direitos fundamentais continuarem a constituir a *raiz antropológica* essencial da legitimidade da constituição e do poder político; (2) no pressuposto de que se não há, hoje, "universalidades", "dogmatismos morais", "metafísicas humanistas", "verdades apodícticas", "valores éticos indiscutíveis", pode, pelo menos, estabelecer-se uma *acção comunicativa*, ou, se se preferir, *intersubjectiva*, entre os homens, em torno de certas dimensões de princípio que implicam sempre um míni-

---
[138] LEFORT, Claude. *A invenção democrática*. 2.ed. São Paulo: Brasiliense, 1987, p. 57-8. (Trad. de Isabel Marva Loureiro).
[139] Idem, p. 56.

mo de comensuração universal e de intersubjectividade; (3) esta dimensão de universalidade e de intersubjectividade reconduz-nos sempre a uma referência - os direitos do homem".[140] Com base em tais ponderações e na advertência de que o critério puramente processual, ainda que necessário, não basta para garantir a sobrevivência da Democracia em si mesma, como a história recente da humanidade bem demonstra, pode-se considerar que o modelo procedimental-democrático de Aarnio oferece novas perspectivas para tornar o Direito mais racional, sem que deixe de ser razoável. Vale dizer: permite um maior controle da aplicação do Direito, sobretudo na instância judicial, sem que se deixe, através desta, de buscar incessantemente a realização de uma maior e melhor justiça e a maximização da dignidade como condição elementar de existência para todos.

---

[140] CANOTILHO, J.J. Gomes. *Direito Constitucional*. 6.ed. Coimbra: Almedina, 1993, p. 19. (grifos no original).

# Considerações finais

Este trabalho baseia-se na possibilidade de dialogar com a obra do autor investigado. Procura, para isto, expor de maneira fiel seu pensamento e dele extrair resultados aceitáveis. Nesta perspectiva, a questão central é: como se pode conciliar, no Direito, o racional e o razoável? O trajeto percorrido permite esboçar alguns argumentos que se podem reputar justificados, ao lado de outros que continuam a suscitar a discussão. Passa-se, pois, à exposição destas considerações, que não pretendem ser conclusivas, mas apenas tencionam refletir o acordo possível nos estreitos lindes do exame aqui efetuado.

É na aplicação (judicial, sobretudo) que o Direito convive com seu maior dilema: a aspiração à correção, a pretensão de ser justo em sua concretização. Neste momento, consoante explica Lamego, "o jurista 'compreende' o critério normativo objectivado no texto legal a partir do problema e sob a necessidade de lhe dar solução: apreende-se a intenção regulativa que flui do texto legal. Mas o texto da norma é um mero 'projecto'- ou 'tentativa' para a solução do caso".[141]

Duas necessidades inerentes ao fenômeno jurídico devem ser equilibradas na aplicação do Direito, que não pode ser mais vista como a mera subsunção lógica de fatos a normas: a de certeza e a de legitimidade (correção).

---
[141] LAMEGO, José. *Hermenêutica e Jurisprudência*. Lisboa: Fragmentos, 1990, p. 178.

O Direito deve ser capaz de estabilizar as relações sociais e permitir a manutenção do próprio vínculo social, através da constância e previsibilidade de sua manifestação, correspondendo, desta forma, às expectativas dos indivíduos em relação à proteção jurídica. Esta, no entanto, não se reduz à regularidade do fenômeno jurídico, pois também se refere ao conteúdo do Direito e sua capacidade de se ajustar às situações concretas particulares.

Para resolver a tensão entre certeza e legitimidade - ou, no dizer de Habermas, faticidade e validade -, o pensamento jusfilosófico desenvolve incessante investigação e se concentra em um problema básico: a fundamentação das decisões jurídicas. Busca-se estabelecer regras ou procedimentos - ou seja, um método -, capaz de tornar aceitáveis as decisões jurídicas, embora não sejam as mesmas conseqüência direta e exclusiva das normas jurídicas vigentes. A pretensão é dar racionalidade ao Direito, assegurando a objetividade de sua prática.

O cerne da investigação jusmetodológica pode ser resumido na seguinte questão: como se pode chegar à interpretação correta ou verdadeira?

A resposta envolve não apenas a determinação de um método, mas pressupõe a definição conceitual do próprio fenômeno jurídico. Deve-se dizer o que é o Direito para se determinar, dentre seus elementos, aquele que é decisivo para a correta apreensão de seu significado e concretização prática. Há, portanto, total conexão entre as indagações filosóficas, voltadas para a essência do Direito, e as necessidades práticas surgidas em sua aplicação.

Esta investigação, que remonta ao século XIX, é marcada pela oscilação constante entre duas tendências básicas: a objetivista, que localiza o sentido do Direito na vontade da lei, e a subjetivista, que o coloca na vontade do legislador. Pretende-se, assim, indicar ao intérprete, e especialmente ao juiz, a fonte em que deve ser buscada a interpretação correta, de modo a se ter controle sobre a atividade interpretativa, sobretudo no âmbito judicial.

A versão atual do movimento jusmetodológico é a Teoria da Argumentação Jurídica, que, através do exame dos contextos argumentativos das instâncias decisórias do Direito, pretende verificar a possibilidade de se chegar à interpretação correta. Sobre as várias teorias, paira uma dúvida comum, que se refere à possibilidade de haver uma única resposta correta nos chamados casos difíceis que se apresentam ao intérprete do Direito.

Neste panorama, inserem-se as idéias de Aulis Aarnio. Na busca de uma teoria apropriada do pensamento jurídico, Aarnio se alimenta de variadas orientações: a filosofia lingüística do último Wittgenstein, a teoria da argumentação de Perelman (Nova Retórica), a racionalidade comunicativa e a situação ideal de diálogo de Habermas e as regras do discurso racional de Alexy. Delas recolhe elementos para verificar como se pode construir uma teoria da justificação jurídica que seja adequada do ponto de vista social. Consciente de que, na interpretação (justificação) jurídica, se confere um papel central à teoria dos valores e, especialmente, à teoria da justiça, pretende encontrar os traços racionais da mesma.

Na sua pesquisa, volta-se para as necessidades atuais das sociedades (pós-industriais) democráticas ocidentais.[142] Nestas, não há espaço para o poder fecha-

---

[142] Vale frisar outra vez que, apesar de AARNIO ter desenvolvido sua teoria no seio da sociedade finlandesa – país bastante homogêneo e desenvolvido industrial, econômica e politicamente –, a validade de seu pensamento para além da Escandinávia é facilmente reconhecível. É que, exatamente em países como o Brasil, onde a Democracia ainda não está bem assentada, as instituições sofrem contantes ataques por parte de grupos e elites dominantes e dos governantes do momento e os problemas socioeconômicos avultam, a preocupação fundamental de AARNIO com a adequação social do Direito e sua capacidade de responder efetivamente às demandas sociais de previsibilidade e justiça adquire especial relevo e urgência, notadamente, no caso brasileiro, em face da intensificação do acesso ao Judiciário e da convocação social diuturnamente dirigida a este poder para que bem desempenhe as destacadas funções que a Constituição lhe conferiu na construção da sociedade democrática.

do, fundado somente na mera autoridade formal. Para ser legítimo, o exercício do poder deve ser justificado, deve apresentar razões abertas que permitam avaliar sua correção. Cada vez mais são necessários mecanismos de controle do exercício do poder, como uma das manifestações da própria essência da Democracia. No Direito, este fenômeno se reflete na crescente exigência de justificação das decisões judiciais, sobretudo nos casos difíceis, em que se atua com discricionariedade. A responsabilidade social e moral do juiz consiste na indispensável obrigatoriedade de fundamentar suas decisões. O poder involucrado na atividade judicial se legitima através de seu exercício, isto é, através de sua abertura à sociedade por meio de razões públicas.

Outro fator social determina a necessidade de justificação das decisões jurídicas: a expectativa de certeza jurídica. Através desta se combinam duas exigências fundamentais das sociedades democráticas contemporâneas: previsibilidade e aceitabilidade material. Isto significa que as decisões não podem ser arbitrárias, pois devem corresponder ao Direito válido e, ao mesmo tempo, devem estar de acordo com o sistema de valores dominante no meio social, satisfazendo as demandas sociais de justiça.

Conclui-se, portanto, que, além de uma estreita conexão - porém não uma completa identificação -, entre Direito e Moral, intensifica-se a importância da justificação, como pré-requisito para o controle da realização da certeza jurídica, que permite medir a aceitação social (legitimidade) da ordem jurídica.

A expectativa de certeza jurídica e a exigência de aceitabilidade material do Direito vigoram na cultura ocidental, ao lado da presunção de racionalidade, ou seja, da expectativa de coerência que os indivíduos têm uns em relação ao comportamento dos outros e das autoridades. Estes três fatores - previsibilidade, aceitabilidade e racionalidade - estão entrelaçados e se devem ao núcleo comum de sentido que caracteriza uma forma de vida determinada e permite a própria interação social.

Nesta medida, impõe-se ao intérprete a obrigação de justificar racionalmente o ponto de vista interpretativo, à luz da ordem jurídica vigente e do código axiológico dominante no meio social. Para tanto, deve seguir um procedimento argumentativo baseado nas regras do discurso racional, que possibilitam o entendimento mútuo e se consubstanciam em um diálogo em que deve prevalecer apenas a força racional do melhor argumento. Diante da coexistência de diversas visões de mundo e diferentes códigos de valores numa forma de vida compartilhada, e, principalmente pela presença ativa de valores e valorações no estabelecimento das premissas da justificação, mais de um ponto de vista interpretativo pode ser justificado. A interpretação é sempre uma atividade criativa, em que se dá sentido ao fenômeno jurídico, não se tratando de descobrir um sentido preexistente. Pode, pois, haver várias respostas igualmente bem fundamentadas.

O ponto de vista interpretativo mais bem justificado é aquele que conta com a aceitação da maioria da comunidade jurídica, que aceita as regras do diálogo racional. Este é, para Aarnio, o princípio regulativo da interpretação jurídica. Ele respeita o sistema de valores dominante na sociedade e concorre para a maximização da expectativa de certeza jurídica.

Neste ponto, Aarnio discorda de Dworkin, que pressupõe a existência de valores absolutos e universais, que podem ser objetivamente descobertos pelo intérprete ideal e o conduzem até a única resposta correta. Dworkin isola o intérprete em si mesmo, obrigando-o a um monólogo de proporções sobre-humanas, na tentativa de desenvolver a narrativa coerente do Direito.

Ao contrário de Aarnio, o intérprete de Dworkin não se submete a qualquer confronto público, no que tange à escolha das premissas de sua justificação. E é nestas que prepondera o recurso aos valores e valorações na interpretação do Direito, o que torna mais necessária a exposição pública das razões utilizadas, submetidas ao procedimento justificatório racional.

Dworkin engessa o intérprete, notadamento o juiz, ao não admitir que ele possa criar Direito quando exerce sua função interpretativa. Tal perspectiva não parece corresponder à efetiva prática cotidiana. E é bem mais útil à sobrevivência da própria Democracia reconhecer a função criadora e ativa do Judiciário e exigir-lhe que bem a cumpra, de forma responsável e dentro dos limites da Constituição, e que apresente uma justificação pública e racional de suas escolhas - como se infere da obra de Aarnio -, do que simplesmente escamotear a realidade, defendendo uma aparente neutralidade e inércia dos juízes e deixando-lhes espaço indeterminado de atuação, alheio ao controle público.

Nesta linha de idéias, Luis Prieto Sanchís, analisando a teoria jurídica de Dworkin,[143] considera indesejável a adoção de um modelo do tipo do juiz Hércules. E entende que, em relação à teoria do Direito, à função judicial e ao papel dos juristas, é "(...) preferível mostrar finalmente todas as cartas e liberar-se do temor de confessar que os operadores jurídicos são titulares de um poder de decisão, ainda que se trate – malgrado o que parece sugerir Dworkin – de um poder de natureza distinta daquele do poder legislativo".[144]

Aliás, é de se convir que a destacada atenção que Aarnio confere à forma pela qual se legitima a função judicial, a par daquela do exercício do poder em geral, traduz necessária reflexão sobre o papel do juiz e a legitimação democrática do Poder Judiciário nas complexas sociedades contemporâneas. E, como esclarece

---

[143] SANCHÍS, Luis Prieto. Quattro domande sulla teoria del diritto di Dworkin. In: COMMANDUCCI, Paolo e GUASTINI, Riccardo (org.). *Analisi e diritto 1994. Ricerche di giurisprudenza analítica*. Torino: G. Giappichelli Editore, 1994, p. 265-89. (Trad. Riccardo Guastini e Aldo Schiavello).
[144] Idem, p.289. ("... preferibile mostrare finalmente tutte le carte e liberarsi dal timore di confessare che gli operatori giuridici sono titolari di um potere di decisione, anche se – malgrado quel che sembra suggerire Dworkin – di um potere di natura diversa rispetto al potere legislativo").

Ferrajoli, hoje, cada vez mais, "a interpretação judicial da lei é também um juízo sobre a própria lei, relativamente à qual o juiz tem o dever e a responsabilidade de escolher somente os significados válidos, ou seja, compatíveis com as normas constitucionais substanciais e com os direitos fundamentais por elas estabelecidos".[145]

Aarnio, ademais, reflete uma concepção pluralista de sociedade, o que é mais consentâneo com a natureza mutante da Democracia, ao contrário de Dworkin, que pressupõe uma comunidade essencialmente homogênea, onde prevalecem respostas definitivas (verdadeiras).

Porém, que pese o caráter ideal da proposta de Aarnio, que representa uma medida para a crítica e um modelo a ser seguido na prática cotidiana, o próprio autor sugere sua aplicação como guia para o jurista e para o juiz. Neste caso, deve-se ponderar que o recurso ao princípio ideal da maioria racional não é garantia suficiente do respeito aos direitos das minorias.

É certo que a perspectiva procedimental de Aarnio leva-o a concluir que a racionalidade inerente ao próprio procedimento já toma em conta as opiniões minoritárias e pressupõe somente a imposição de regras que possam ser aceitas por todos os afetados. O paradigma de Aarnio implica a adoção e ampliação de procedimentos racionais em todos os setores da vida social: jurídico, político, axiológico. Para maximizar a racionalidade da argumentação jurídica na sociedade, deve-se discutir racionalmente a concepção axiológica e a idéia de justiça que lhe são subjacentes.

O critério puramente processual, no entanto, pode não ser suficiente para resguardar a própria Democracia. Torna-se necessário lançar mão de algum critério material mínimo, que pode ser representado pelos direitos humanos, na qualidade de núcleo de sentido intersubjetivamente compartilhado e uma das bases essenciais da forma de vida democrática.

---
[145] FERRAJOLI. *O Direito como sistema de garantias*, p. 101.

E, além disto, deve-se buscar seguir a recomendação de Chantal Mouffe, para quem, "a verdadeira tarefa consiste em sermos fiéis às nossas instituições democráticas e a melhor forma de o fazermos não é demonstrarmos que [as nossas instituições] devem ser escolhidas por agentes racionais 'sob o véu da ignorância' ou num 'diálogo neutro', mas criando vigorosas formas de identificação com elas. Isto deverá ser feito desenvolvendo e multiplicando no maior número possível de relações sociais os discursos, as práticas, os 'jogos de linguagem', que produzem 'posições de sujeito' democráticas. O objectivo é estabelecer a hegemonia dos valores e práticas democráticas".[146]

A proposta de Aarnio também está aberta ao diálogo. Não há uma única resposta.

Assim, pode-se concluir com Perelman que: "À míngua de critérios absolutos, de evidências irrefragáveis, os critérios e os valores que servem para justificar as regras de ação não podem ser subtraídos à crítica. Aqueles que aspiram a mais justiça nas relações humanas devem estar prontos para levar em conta todas as acusações de parcialidade proferidas a seu respeito.À míngua de critérios impessoais, suas teses filosóficas fornecem a justificação suprema das convicções e das aspirações do filósofo, sua última palavra em questão de racionalidade e de justiça. Mas, em filosofia, não há coisa julgada".[147]

---

[146] MOUFFE. *O regresso*, p. 201.
[147] PERELMAN. *Ética*, p. 205-6.

# Referências bibliográficas

AARNIO, Aulis. La tesis de la única respuesta correcta y el principio regulativo del razonamiento jurídico. *DOXA*. Alicante, v.8, p.23-38, 1990.

———. *Lo racional como razonable.* Trad. Ernesto Garzón Valdés. Madrid: Centro de Estudios Constitucionales, 1991. 313p.

———. *Derecho, racionalidad y comunicación social.* Coyoacán, México: Fontanamara, 1995. 115p.

ALEXY, Robert. *Derecho y razón práctica.* Coyoacán, México: Fontanamara, 1993. 73p.

———. *Teoría de la argumentación jurídica.* Madrid: Centro de Estudios Constitucionales, 1989. 346p. (Trad. Manuel Atienza e Isabel Espejo).

ATIENZA, Manuel. *Las razones del derecho. Teorias de la argumentación jurídica.* Madrid: Centro de Estudios Constitucionales, 1993. 267p.

———. Para una teoría de la argumentación jurídica. *DOXA*. Alicante, v.8, p.39-61, 1990.

———. Para una razonable definición de "razonable". *DOXA*. Alicante, v.4, p.189-200, 1987.

BERGHOLTZ, Gunnar. Ratio et Auctoritas: algunas reflexiones sobre la significación de las decisiones razonadas. *DOXA*. Alicante, v.8, p.75-85, 1990.

CALSAMIGLIA, Albert. *Racionalidad y eficiencia del derecho.* Coyoacán, México: Fontanamara, 1993. 117p.

CANOTILHO, J.J. Gomes. *Direito constitucional.* 6.ed. Coimbra: Almedina, 1993. 602p.

CÁRCOVA, Carlos María. Los jueces en la encrucijada: entre el decisionismo y la hermenéutica controlada. *AJURIS*. Porto Alegre, Associação dos Juízes do Rio Grande do Sul, v. 68, nov. 96, p. 313-27.

CHUEIRI, Vera Karan de. *A filosofia jurídica de Ronald Dworkin como possibilidade de um discurso instituinte de direitos.* Florianópolis, 1993. 182p. Dissertação (Mestrado em Filosofia do Direito e da Política) - Curso de Pós-Graduação em Direito, Universidade Federal de Santa Catarina.

COMANDUCCI, Paolo e GUASTINI, Riccardo (org.). *Analisi e diritto 1994. Ricerche di giurisprudenza analitica.* Torino: G. Giappichelli Editore, 1994, 289p.

DWORKIN, Ronald. *Casos difíciles.* México: Instituto de Investigaciones Filosóficas - Universidad Autónoma de México, 1981, 82p. (Cuadernos de Crítica 14, trad. Javier Esquivel).

———. *El imperio de la justicia.* Trad. Claudia Ferrari. Barcelona: Gedisa, 1988, 328p.

———. *Los derechos en serio.* 2. ed. Trad. Marta Guastavino. Barcelona: Ariel, 1989, 508p.

FERRAZ JÚNIOR, Tércio Sampaio. *Introdução ao estudo do direito.* 2.ed. São Paulo: Atlas, 1994, 368p.

FREITAG, Bárbara. Habermas e a filosofia da modernidade. *Perspectivas.* São Paulo, 16: 23-45, 1993.

FREITAS, Juarez. *A interpretação sistemática do direito.* 2. ed. São Paulo: Malheiros, 1998. 215p.

GARCIA AMADO, Juan Antonio. Tópica, derecho y método jurídico. *DOXA.* Alicante, v. 4, p.161-88, 1987.

GARGANI, Aldo G. WITTGENSTEIN. Trad. Carmen Carvalho. Lisboa: Edições 70, 1988, 187p.

GUERRA FILHO, Willis Santiago. Princípios da isonomia e da proporcionalidade e privilégios processuais da fazenda pública. *Revista de Processo.* São Paulo, Revista dos Tribunais, n. 82, p. 70-91, abr-jun. 1996.

HABERMAS, Jürgen. *Direito e Democracia: entre faticidade e validade.* Trad. Flávio Beno Siebeneicheler. 2 volumes. Rio de Janeiro: Tempo Brasileiro, 1997. 354p. vol. 1; 352p. vol. 2.

HART, Herbert L. A. *O conceito do direito.* Trad. A. Ribeiro Mendes. Lisboa: Fundação Calouste Gulbenkian, [198?], 306p.

KAUFMANN, Arthur (org.). *El pensamiento jurídico contemporáneo.* Madri: Debate, 1992, 449p.

KELSEN, Hans. *Teoria pura do Direito.* 3 ed. Trad. João Baptista Machado. São Paulo: Martins Fontes, 1991, 374p.

KOZICKI, Katya. *H.L.A.HART: A hermenêutica como via de acesso para uma significação interdisciplinar do direito.* Florianópolis, 1993. Dissertação (Mestrado em Filosofia do Direito e da Política) - Curso de Pós-Graduação em Direito, Universidade Federal de Santa Catarina.

LAMEGO, José. *Hermenêutica e jurisprudência.* Lisboa: Fragmentos, 1990, 325p.

LARENZ, Karl. *Metodologia da ciência do direito.* 2.ed. Trad. José Lamego. Lisboa: Fundação Calouste Gulbenkian, 1989, 620p.

LEFORT, Claude. *A invenção democrática.Os limites do totalitarismo.* 2.ed. Isabel Marva Loureiro. São Paulo: Brasiliense, 1987, 247p.

MOUFFE, Chantal. *O regresso do político*. Trad. Ana Cecília Simões. Lisboa: Gradiva, 1996, 206p.

OLIVEIRA JÚNIOR, José Alcebíades (org.). *O novo em direito e política*. Porto Alegre: Livraria do Advogado, 1997, 200p.

——. *Bobbio e a Filosofia dos Juristas*. Porto Alegre: Fabris, 1994, 159 p.

PERELMAN, Chaïm. *Ética e direito*. Trad. Maria Ermantina Galvão G. Pereira. São Paulo: Martins Fontes, 1986, 722p.

PERELMAN, Chaïm, OLBRECHTS-TYTECA, Lucie. *Tratado da argumentação. A nova retórica*. Trad. Maria Ermantina Galvão G. Pereira. São Paulo: Martins Fontes, 1996, 653p.

ROCHA, Leonel Severo. Em defesa da teoria do direito. *Seqüência*. Florianópolis, Universidade Federal de Santa Catarina, n. 23, p. 41-56, 1992.

——. Matrizes teórico-políticas da teoria jurídica contemporânea. *Seqüência*. Florianópolis, Universidade Federal de Santa Catarina, n. 24, p. 11-24, set. 1992.

——. (org.). *Paradoxos da auto-observação. Percursos da teoria jurídica contemporânea*. Curitiba: JM, 1997.

SAAVEDRA, Modesto. Interpretación judicial del derecho y democracia. *AJURIS*. Porto Alegre, Associação dos Juízes do Rio Grande do Sul, v. 68, p. 299-312, nov. 1996.

SOUZA SANTOS, Boaventura. Uma concepção multicultural de direitos humanos. In: *Lua Nova* (Governo e Direitos). São Paulo: CEDEC, n. 39, p. 105-24, 1997.

TOURAINE, Alain. *O que é a democracia?* 2.ed. Trad. Guilherme João de Freitas Teixeira. Petrópolis: Vozes, 1996, 286p.

VIGO, Rodolfo Luis. *Interpretación constitucional*. Buenos Aires: Abeledo-Perrot, 1993, 238p.

——. *Perspectivas jusfilosóficas contemporáneas*. Buenos Aires: Abeledo-Perrot, 1991, 299p.

WARAT, Luis Alberto. *Introdução geral ao direito II. A epistemologia da modernidade*. Trad. José Luís Bolzan de Moraes. Porto Alegre: Fabris, 1995, 392p.

WITTGENSTEIN, Ludwig. *Investigações filosóficas*. 2.ed. Trad. M. S. Loureiro. Lisboa: Fundação Calouste Gulbenkian, 1995, 611p.

WRÓBLEWSKI, Jerzy. *Constitución y teoría general de la intepretación jurídica*. Trad. Arantxa Azurza. Madri: Civitas, 1988, 114p.

*Impressão:*
Editora Evangraf
Rua Waldomiro Schapke,77 - P. Alegre, RS
Fones: (51) 3336-2466 - 3336-0422
E-mail: evangraf@terra.com.br